SOUS LA DIRECTION DE
JEANNE PAINCHAUD

CLAUDINE BERTRAND
LOUISE BOMBARDIER
PAULE BRIÈRE
FRANCINE CHICOINE
ISABELLE CYR
MONIQUE DELAND
DANIELLE DUBÉ
MONIQUE GIROUX

HISTOIRES DE PÈRES

SYLVIE LALIBERTÉ
MICHÈLE MAGNY
SYLVIE MASSICOTTE
CATHERINE MAVRIKAKIS
JEANNE PAINCHAUD
HÉLÈNE PEDNEAULT
JENNIFER SALGADO

Les 400 coups

Nous remercions le Conseil des Arts du Canada de l'aide accordée à notre programme de publication, et la SODEC pour son appui financier en vertu du Programme d'aide aux entreprises du livre et de l'édition spécialisée.

Nous reconnaissons l'aide financière du gouvernement du Canada par l'entremise du Programme d'aide au développement de l'industrie de l'édition (PADIÉ) pour nos activités d'édition.

Gouvernement du Québec – Programme de crédits d'impôts pour l'édition des livres – Gestion SODEC

Histoire de pères a été publié sous la direction de Jeanne Painchaud

Photo de la couverture: collection personnelle de Paule Brière
Photo de la page 40: NPS Photo
Illustration de la page 68: extrait du *Ripley Scowle,* manuscrit attribué
à George Ripley (1415?-1490), Londres, British Museum
Photo de la page 96: Maximilien Jean
Autres photos: collections personnelles des auteures

Révision linguistique: Marie-Claude Rochon (Scribe Atout)
Correction d'épreuves: Chantale Landry
Direction de production, maquette de la couverture et mise en pages:
Nicolas Calvé

© Éditions Les 400 coups et les auteures, 2006

Dépôt légal – 2ᵉ trimestre 2006
Bibliothèque et Archives nationales du Québec
Bibliothèque et Archives Canada

ISBN 2-89540-307-4

Diffusion au Canada
Diffusion Dimedia Inc.

Diffusion en Europe
Le Seuil

Imprimé au Canada sur les presses de Marquis Imprimeur.

Pourquoi, comment raconter son père ?

Sur tous les tons, du plus léger au plus grave, quinze femmes se sont replongées dans leur vie de fille ou de petite fille et ont joué le jeu. Animatrice, artiste, comédienne, écrivaine, poète, rappeuse ont raconté leur père. Elles ont choisi un bout d'enfance, une anecdote, un silence, une fin de vie, une absence.

Mais n'allez pas croire que cela s'est fait en criant *ciseaux!* Il y a eu quelques valses-hésitations, d'abord pour accepter l'invitation de joindre le collectif, puis pour mettre des mots sur des gestes, des regards, des souvenirs, et enfin, un point final à l'aventure.

Après moult appels, réflexions, échanges, le texte de chacune arrivait, au fil des jours, sur ma table de travail. J'étais chaque fois dans une délicieuse expectative : quelle sorte de fille, quelle sorte de père allais-je y découvrir ? Quelle était donc leur petite histoire ? Qu'avaient-ils de si différents de ma propre relation fille-père ? Il y a tant de points de vue sur la fibre… paternelle, tant de pères singuliers, me suis-je dit. Et enfin, chaque texte a vu le jour, le collectif a pris forme, pour mon plus grand plaisir et celui des lecteurs et lectrices à venir.

Silencieux, absents, les pères? Ces textes les racontent souvent bien autrement. Ces textes dépeignent, par petites touches, des pères de chair et de sang, qui ont eu des filles, les chanceux, qui ont su les raconter.

L'artiste Sylvie Laliberté, dont le texte ouvre ce collectif, écrit: «Les filles qui parlent de leur papa chéri sont souvent casse-pieds.»

Je n'en suis pas si sûre…

Jeanne Painchaud
Avril 2006

HISTOIRES DE PÈRES

LES ÉCRITS RESTENT ET LES FEUILLES S'ENVOLENT

SYLVIE LALIBERTÉ

Artiste montréalaise reconnue dans le milieu de l'art contemporain, Sylvie Laliberté fabrique des vidéos, des gravures, des photographies et des installations. Ses œuvres ont été présentées dans différentes galeries nationales et internationales. Elle écrit aussi des chansons qu'elle chante à la maison et sur la scène. Elle a produit deux albums : *Dites-le avec des mots* et *Ça s'appelle la vie*.

Les filles qui parlent de leur papa chéri sont souvent casse-pieds.

Je fais partie des filles qui ont eu un papa. Tout le monde aime mon père et moi aussi. Dès que je l'ai vu, je l'ai aimé. Les bébés ont des yeux qui voient au quatrième jour. Alors j'ai commencé tôt. J'ai fait comme toutes les filles, pourtant mon père n'est pas comme tous les autres pères : il est le mien. Il a tout plein de qualités que je n'ai qu'à nommer et elles vont assurément rebondir automatiquement sur moi. Il était très jeune quand je l'ai rencontré puisqu'il allait encore à l'école. Il y est allé longtemps. Il a fini son école quand moi, je commençais la mienne. Il a fait des études pas parce que les études c'est important, mais parce qu'il aimait bien ça.

Je crois que c'est la mère qui choisit le père. Alors, elle en a pris un assez beau avec des yeux bleus, c'est une très bonne idée, mais cela n'a pas rebondi sur moi.

Le père d'une fille doit être *le plus* quelque chose. Il doit avoir une qualité facile à dire et qui fera de l'effet dans certaines situations, comme la situation du *mon père est plus fort que le tien.* Mais voilà, mon père n'est pas plus fort que le tien. La preuve : il est mon père.

J'ai un père gentil. C'est sa qualité générale. Il est très gentil et des fois il a les larmes aux yeux. Bleus.

Il a choisi d'être gentil, il n'a pas choisi d'être intelligent, brillant, savant, chercheur, scientifique. C'est gênant, mais il est vraiment fait comme ça. Mon père est calé.

En plus, il s'appelle Lu. Alors il a beaucoup lu. Il est très érudit, mais il n'en dira rien. À cause de lui, la maison débordait de livres, mais comme il détestait les belles bibliothèques qui paraissent trop bien et qui ne prouvent rien, il enfermait tous les livres dans les garde-robes. Ça sentait très bon dans les garde-robes. J'ai appris l'odeur des livres avant de savoir les lire. Puis, quand il n'y a plus eu d'espace dans les placards, il a grandement encouragé l'utilisation des bibliothèques publiques. Et c'est là que ma vie de lectrice a débuté. J'avais la permission de prendre l'autobus toute seule pour aller à la bibliothèque. J'avais huit ans et j'adorais mes pieds qui ne touchaient pas le plancher de l'autobus. Mes jambes dansaient dans le vide et puis j'avais Bécassine dans mes bras.

Bien sûr, j'ai eu un père absent. C'était l'époque du père absent, qui pour être idéal se devait d'être absent. J'ai vraiment eu un père idéal : il était absent quand il n'était pas là et quelquefois, même quand il y était, il n'y était pas parce qu'un père idéal réfléchit beaucoup, il est souvent perdu dans ses pensées ou ses formules mathématiques.

Mais toutes les fois qu'il y était, il y était pour beaucoup. Il adorait jouer aux mathématiques et tous les enfants des alentours venaient jouer à la maison. Il y avait aussi les fleurs, les oiseaux, les planètes, les pays, l'histoire et les histoires, les gens, cuisiner, manger et rire. Tous les samedis matin, je partais avec lui à l'aventure pour acheter les nourritures terrestres. Pour lui, tout est matière à apprendre et il m'expliquait les fruits, les légumes, les pays, les ustensiles. C'était il y a longtemps, c'était quand ce n'était pas encore à la mode de manger. Mais lui, il aimait cuisiner, et quand il aimait, il savait.

Il a toujours aimé savoir des choses. Ce n'est pas sa faute. Il a une facilité à savoir des choses, de la cuisine jusqu'au jardin. Il a un savoir gentil et amusé qui questionne tout, même les apparences. Il a cette intelligence qui va avec savoir beaucoup et ne pas nécessairement le dire, ni même le croire ou alors en rire toujours un peu.

Alors j'ai beaucoup ri avec Lu même si je n'aime pas les mathématiques. Mais j'aime tout le reste. Et si aujourd'hui je peux affirmer :

1 + 1 = 11
2 + 2 = 22
3 + 3 = 33
4 + 4 = 44

c'est grâce à lui.

Mon père a tout fait pour ne pas avoir la grosse tête et il a réussi. Il est un homme de tête avec un cœur dedans. Tout le monde aime mon père et moi aussi.

Les filles qui parlent de leur papa chéri sont souvent casse-pieds. Et bien sûr, elles ont les yeux bleus.

PREMIÈRE RENCONTRE

JENNIFER SALGADO

Il y a des histoires dont je me rappelle comme si c'était hier. Quand on vit au jour le jour, hier, c'est aussi loin qu'une histoire qui n'a pas encore été imaginée. J'aime bien me faire croire que j'ai un passé sans histoire.

Je n'ai presque aucun souvenir de mon enfance. Tous les gens qui me connaissent, autant que ceux qui croient me connaître mieux que moi, m'ont résumé leur «Théorie sur le mécanisme de défense de ma mémoire»: ma mémoire ne veut pas que je sache qui je suis. C'est sûr que, quand guettent les hyènes de l'affreux logis de la psychose, tout est psychologie freudienne. Je suis l'Effet, mon passé est ma Cause.

Nous ne sommes que des échafaudages d'événements qui tiennent tête à l'âge et à l'affluence du temps qui compte ses soldats par seconde. Des agglomérats d'expériences soudées par les émotions de nos rencontres et par les influences de nos racines. Or, ma charpente est bancale. La moitié de mes racines sont arrachées ou desséchées. Toute chose sait souffrir et se détester. Quand la fluence arrête, le vide fait mal.

Jennifer Salgado, alias J.Kyll, a passé les cinq premières années de sa vie dans son pays d'origine, Haïti, avant de revenir là où elle est née, au Québec. Dès son jeune âge, elle s'intéresse à la poésie et à la musique, et deviendra auteure-compositeure-interprète. Ayant grandi dans les quartiers défavorisés de Montréal et se considérant comme la Cause et l'Effet des injustices sociales, elle fonde avec Imposs et Drama le groupe rap Muzion. En textes et en chansons, elle dénonce et dépeint sa vision de la vie. Les deux albums de Muzion ont été récompensés par deux Félix, en plus de récolter six nominations, dont une comme meilleur auteur.

Aujourd'hui, je ne reconnais plus mes émotions. Je suis une femme influencée par le vide du mâle. Une enfant bercée par des bras trahis par l'amour qui, sous l'érosion, ont voulu forger leur égal. J'ai l'influence du gouffre qu'on doit remplir. Ma mère a fait de moi une femme forte. Une femme qui a la force de bras masculins qui, au nom de l'amour, ont bâti un empire. Parfois, je pleure. Parfois, je ris. Parfois, je ne sais plus ce que ma mémoire me rapporte. On dirait qu'il est temps que je sache qui je suis. Le vide nous agrippe souvent plus fermement que nos racines. Je ne le connais pas. Mais je l'ai rencontré quelques fois...

Mon père
Il y a des histoires dont je me rappelle comme si c'était demain. Quand on ne veut plus vivre au jour le jour, il n'y a rien de plus réel, de plus vif que le rêve qui se dessine dans tous ses détails. Le rêve qui remplit les trous de la mémoire. Quelque part entre hier et demain, j'ai rencontré mon père. Quelque part entre l'espoir et les souvenirs épars.

Je devais avoir trois ans. Je jouais sur le plancher d'une des pièces de la grande maison de ma grand-mère en Haïti. Probablement la cuisine ou la chambre à coucher puisqu'on ne rentrait à l'intérieur que si on y était obligé. On passait nos journées assis sur la galerie à regarder grimper les *zanolites* sur les arbres et à attendre le marchand de crème glacée. J'étais heureuse, je m'en souviens. Chez ma grand-mère, il n'y avait que des femmes. D'abord elle, chef de tribu, qui exerçait une autorité totale sur ses quatre filles, ma mère et ses trois sœurs. Il y avait ma marraine, la cadette. Celle qui, contre une prière, avait offert à Dieu ses vœux de célibat. Dieu avait exaucé sa prière. Elle aussi respecte toujours sa part du marché. Il y avait la plus jeune. L'éternelle adolescente. À l'époque, elle aimait beaucoup les hommes, mais elle ne pouvait pas se contenter d'un seul. Elle cherche encore aujourd'hui la balance parfaite entre le *party freak* excentrique et l'homme d'affaires distingué au costard trois pièces et au portefeuille gonflé de gourdes et de dollars américains. Malheureusement, ces jours-ci en Haïti, même les *freaks* ne font plus l'party et les mecs pleins aux as, quand ils ne font pas leur *biz* avec les chimères, doivent faire gaffe de ne pas se faire kidnapper sous demande de rançon. La plus vieille des sœurs était la seule qui avait trouvé mari. Je ne me souviens pas de grand-chose au sujet de son homme, à part ses absences prolongées justifiées par son important travail de médecin et les conversations d'adultes à son sujet entre les femmes de la maison. Je ne me souviens pas des mots qu'elles employaient, mais je revois la colère, les murmures et les larmes silencieuses que versait ma tante, et qui trahissaient sa résignation malgré son regard de vengeresse. Dès lors, je savais qu'elle ne le quitterait jamais.

Mais l'aîné, le chouchou de la famille, était un homme. Le grand frère, la fierté, qui avait quitté la demeure familiale et le pays pour aller faire médecine aux États-Unis. Depuis, je ne vois mon oncle qu'une fois par année, comme les bonheurs d'été ou le père Noël.

Un autre homme aussi avait habité la vie de ces trois femmes: leur père. Le mari de ma grand-mère. Mon grand-père. Je n'ai pas connu cet homme puisqu'il est décédé quand ma mère avait cinq ans. Mais je connais son histoire. Et la fluence du récit de son passé est en moi comme un devoir que je ne peux ni expliquer, ni renier. Il est mort en prison pour avoir été un révolutionnaire et pour avoir parlé contre Duvalier. Parmi toutes mes racines, il fut la première influence mâle qui a su m'empoigner. Ma mère l'adore. Il a été un bon père pour elle. Elle s'en souvient.

Et ma mère? Elle, elle avait trouvé l'amour. Elle était encore jeune, d'esprit plus que d'âge encore, quand elle s'éprit de mon père, son premier amour, son chevalier, son messie. «Tu quitteras famille et travail, maison et possessions et tu me suivras...» Elle l'avait suivi. Ils étaient partis se marier et vivre l'*American Dream*, en français, au Québec. La froideur de l'hiver, l'hypocrisie du racisme autant que les «Ostie d'nèg! R'tourne dans ton pays! Tu nous voles nos jobs!», les lobbys universitaires qui déchirent les diplômes étrangers, les manufactures et les usines, les lendemains de la crise d'Octobre, les luttes de pouvoir sur la terre promise!... Pris dans un *No Man's Land* entre les «Anglais», les Francophones, les bureaucrates et les coureurs des bois. Pris dans les ghettos de Montréal, quelque part entre Anjou et Hochelaga, Westmount et Saint-Henri, entre Trudeau et Lévesque, entre le discours du pimp qui cruise la pute, celui qui veut te baiser juste pour voir s'il peut te fatiguer et celui qui ne veut pas te voir faire l'amour dans son harem. Pris entre l'attrait de la courtisanerie des maîtres d'esclaves, leurs promesses de liberté, de pouvoir et de respect... et les échos d'une révolution pour la justice, le combat pour la liberté-égalité-fraternité, la connaissance, la compréhension, la compassion pour la résistance des Nègres-Marrons blancs... Pris entre l'argent et le cœur... quand tout l'monde sait que l'argent achète même les cœurs... Ils se sont vite réveillés. Ma mère était enceinte. Or, je n'étais pas le fruit promis de cette terre fertile. Car avant d'élever des enfants, dans ce monde où nous suivent le bleu du ciel et le rouge des terres brûlées, il fallait d'abord récolter du vert. Ils n'ont pas eu l'choix. Très peu de temps après ma naissance, ils m'ont envoyé dans les bras de ma grand-mère, en Haïti, avec l'espoir de pouvoir revenir me chercher un jour, de redevenir mes parents.

* * *

Ils sont entrés dans la pièce. Je ne comprenais pas pourquoi, mais tout s'était figé. Le temps, les choses, le vent, même ma grand-mère. Ils me regardaient comme on regarde une poupée qu'on rêve d'avoir depuis longtemps sur la tablette d'un magasin de jouets. Ils me regardaient sans parler et leurs yeux scintillaient. Elle s'est approchée.

Elle m'a prise dans ses bras et elle m'a embrassée. D'habitude, quand des visiteurs m'embrassaient, ma grand-mère et ma marraine surveillaient de très près la scène pour s'assurer de me libérer de leurs bras indécents dès que j'en aurais envie. Mais cette fois, je sentais qu'elles n'avaient pas ce pouvoir.

Elle me prit dans ses bras comme si je leur appartenais. Toutes les femmes de la maison avaient déjà posé ce geste auparavant. Je connaissais ce *feeling*, sa fluence, son influence. Mais cette fois, il me traversa la peau et les veines. Cette racine m'agrippa jusqu'au fond de moi-même et ne voulait plus me relâcher. Je me sentais puissante. Je me sentais libre. Mais j'ai eu peur. Je me suis débattue, j'ai fait un scandale. Personne n'osait me libérer de ma liberté. Une histoire commençait. J'avais une mère.

Il me prit dans ses bras à son tour. Il était maladroit. Il semblait avoir peur de m'échapper, de me faire mal. Mais son étreinte disait: «Je ne te laisserai jamais tomber.» D'habitude, les hommes qui m'avaient prise dans leurs bras, quelques secondes, juste pour dire, en cherchant le sourire d'une de mes tantes plus que le mien, me relâchaient le plus vite possible, dès que ce geste leur avait procuré les quelques points nécessaires pour espérer revenir s'asseoir près d'elles sur la galerie. Les bras des hommes avaient été froids et se fatiguaient rapidement. Les hommes, c'étaient ces gens qui venaient chez moi pour manger la nourriture préparée par les femmes, boire de la *kremas* et parler beaucoup pour faire rire mes tantes. Je n'avais pas plus d'intérêt pour eux qu'ils n'en avaient pour moi.

Il m'a prise dans ses bras. Tout était nouveau. Ces bras étaient à moi. Ils étaient venus pour moi. Ils pouvaient me soulever plus haut que tous les autres bras que j'avais rencontrés. Il m'a regardé dans les yeux, sans parler, et il a souri. Tout le monde souriait. Sauf moi. Moi, je hurlais, tant l'inconnu me faisait peur. Tant cet inconnu prenait de la place! Il m'a soulevée comme une mer qui déborde. Comme la plus forte de toutes les racines. Comme si ses bras, à eux seuls, pouvaient remplir le ciel et m'élever au-delà de l'infini.

Il faut avoir vu le ciel pour croire en l'infini. Il faut avoir vu le rêve pour comprendre la réalité, comme il faut avoir vu le passé pour comprendre le présent. Pour la première fois, je savais ce qu'on ressentait quand on sentait le vide. Pour la première fois, je rencontrais mon père. Pour la première fois, je me suis rencontrée. Il m'a posée par terre et il m'a donné un cadeau. Un petit camion jaune. Pendant toute mon enfance, j'ai joué avec autant de camions que de poupées. Je conduisais mes poupées dans mon camion imaginaire. Je dérobais les Barbie de ma petite sœur et j'en faisais des femmes fortes. Des chefs de famille qui conduisaient leurs enfants dans mon camion. Mon petit camion jaune. Je crois que je l'ai encore, dans une vieille boîte de souvenirs, quelque part dans un placard. Quelque part dans ma mémoire.

MON PÈRE S'APPELAIT JEAN

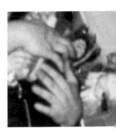

MONIQUE GIROUX

Connue pour sa passion de la chanson, qu'elle partage avec les auditeurs de Radio-Canada depuis 1992, Monique Giroux écrit aussi, échange souvent, chante parfois, et par tous les moyens, partage les plaisirs que lui procure la création. Elle est également productrice, expert-conseil de l'Académie Charles Cros, Chevalier des arts et des lettres de la République française et membre de l'Ordre des francophones d'Amérique.

Je me suis toujours demandé pourquoi tu avais signé Jean Giroux au bas de ma carte d'anniversaire. Tu avais aussi écrit: « Je t'aime par-dessus tout. » Était-ce pour que je comprenne que derrière mon père il y avait un homme?

J'aurai, dans moins d'un an, l'âge que tu avais quand la faucheuse a fait son œuvre. Quarante-trois ans. J'en avais dix-neuf. Nous nous sommes beaucoup parlé depuis. Tu as tout vu, tout entendu, été témoin de tout, de mes joies, de mes peines, de mes amours dans leurs moindres détails. La vue doit être pas mal de là-haut. Je n'ai rien pu te cacher de ces vingt-quatre dernières années. Autant de mots que je ne t'aurais probablement pas dits par souci de t'épargner ou par pudeur simplement. La maison était si petite. Et nous deux tellement semblables. Que saurais-tu de moi si tu étais toujours là? Ce qu'on sait de moi? L'idée qu'on s'en fait? Ce que je veux que l'on sache?

Il en aura fallu du temps pour que je vois une photo de toi enfant. En noir et blanc, sur un balcon, adossé à un mur de briques, tu avais cinq ans et un chien dans les bras. Tu ne m'as jamais parlé de ton chien. On m'a dit que cette année-là, en traversant la rue Bourbonnière au coin d'Ontario, les yeux rivés sur un cornet de *crème à glace* que tu tenais fermement, tu t'étais fait renverser par une voiture. Tu ne m'as jamais dit que tu avais été membre du R.I.N. C'est en faisant du rangement que j'ai découvert *La Peste* d'Albert Camus dans tes affaires. Est-ce qu'on aurait jamais pris le temps de se parler de tout ça? Pourtant, on n'avait pas de secret l'un pour l'autre, la maison était si petite. On se connaissait par cœur, on était tellement semblables.

Je t'ai compris un dimanche. J'avais quatre ans. J'étais assise sur le canapé du salon quand le téléphone a sonné. Ton patron de chez Marconi, où tu fabriquais des postes de radio, te demandait de rentrer travailler. J'irais toute seule avec maman au dépouillement d'arbre de Noël du village. Dans la grande salle de l'école, on devait bien être trois cents enfants de tous les âges en habit de *ski-doo,* assis dans la neige fondue qui dégoulinait de nos grosses bottes. Il faisait chaud. Au-dessus de nous, un nuage bleu embaumait la fête. Vous fumiez tous beaucoup à cette époque-là. Par ordre d'âge, tous les petits montaient un à un sur la tribune et s'asseyaient sur les genoux du père Noël. Devant l'assemblée et avec l'aide de tante Pierrette, la Fée des étoiles, qui était aussi la maîtresse de mater-nelle, il nous remettait un cadeau tout bien emballé par le Cercle des fermières. À l'appel de mon groupe des quatre ans, je me suis avancée timidement. Il était beau, le père Noël, il souriait et disait un mot à l'oreille de tous les enfants. Mon tour venu, je m'en souviens maintenant, les lutins souriaient franchement. Maman faisait des photos de chacun de nos mouvements. Le père Noël ne m'a rien dit à l'oreille. Je glissais de sur ses genoux. Pour me retenir, il a retiré sa main des gros appuie-bras du trône. Il avait une cicatrice exactement au même endroit que toi. «Encore une photo», disait maman. J'ai tout gardé pour moi. J'étais si fière, en secret. J'ai compris que j'étais la fille du père Noël. Quand tu es rentré du travail ce soir-là, j'avais grandi d'un coup.

Pour tous les magazines *Tintin* qu'on s'arrachait le dimanche matin, pour toutes les parties de *Trouble* qu'on faisait après. Pour toutes les bières d'épinette, tous les chips au vinaigre, tous les *Hawaï 5-0* qu'on a regardés ensemble. Pour cette chanson scout que tu me chantais, «Le soir étend sur la terre son grand manteau de velours». (D'ailleurs, je l'ai souvent reprise pour enfin comprendre que tu ne faussais pas mais qu'il était impossible de chanter tout bas en faisant autrement.) Pour tout ça et pour le reste que je ne dirais qu'à toi. Pour m'avoir appris à améliorer l'ordinaire, le mien et celui des autres.

Parce que je n'attends rien des visages que je croise, quand je n'y vois ni lumière, ni sourire, quand les yeux sont froissés. Parce que je souris simplement et passe mon chemin dans l'espoir que peut-être j'aurai fait du bien. Parce que comme le douanier, je me demande si je connais bien le contenu de mon bagage. L'ai-je fait moi-même? Parce qu'il me suit jusqu'au bout du voyage, je jette du lest, fais de l'espace pour engranger de nouveaux souvenirs, des beautés, des douceurs, des odeurs, des images jolies, quelques réussites et un amour. Parce que je tente de ne rien oublier sur les quais que je foule, que je ne laisse rien de propre aux éboueurs de la vie, que je garde le bien et mets le reste aux orties. Parce que je choisis les mots qui forment mes phrases, la couleur de mes murs, les fleurs de mon bouquet, le vin dans mon verre. Je choisis d'être libre.

Parce que j'écris ma vie tous les jours, que j'en détermine le scénario, en découpe les scènes, en bâtis le décor. Parce que mes plus grands voyages commencent par mes premiers pas. Est-ce bien ce que tu voulais me dire?

Je n'en veux pas au traîneau qui t'a emporté trop tôt là-bas. La vue doit être pas mal. Et au fait, merci pour le cadeau.

MA PETITE GALETTE

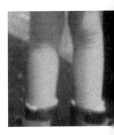

JEANNE PAINCHAUD

Née à Montréal, mais élevée à Sherbrooke, Jeanne Painchaud a écrit un recueil de textes fantaisistes (*Le tour du sein*, Triptyque, 1992), puis deux recueils de haïkus en solo (*Je marche à côté d'une joie*, Les Heures bleues, 1997, rééd. Les 400 coups, 2006 ; *Soudain*, David, 2002) et un en tandem (*Sous nos pas*, avec Francine Chicoine, David, 2003). Ses poèmes ont été publiés dans une dizaine d'anthologies et de revues au Québec, en Europe et au Japon. Elle a aussi participé au collectif *Une enfance bleu-blanc-rouge* (dir. Marc Robitaille, Les 400 coups, 2000). Elle donne des ateliers de création littéraire depuis 1997.

Sur le parvis du Centre culturel, nous trépignons d'enthousiasme, mes sœurs et moi. Quel beau film pour enfants nous venons de voir : c'est *Le cerf-volant du bout du monde*, qui vient directement de Chine ! Tout cela grâce au club dont nous sommes si fières de porter le macaron : le Club Faroun. Il nous invite chaque mois, le dimanche après-midi, à faire le tour du monde. Mon père nous y a laissées tout à l'heure, et en nous attendant, il est allé travailler à son bureau. Il est linguiste de son métier. De la stature du Pr. Higgins. Je le sais, nous avons vu *My Fair Lady* en famille, l'autre jour. Comme le personnage de Rex Harrison, mon père a l'oreille fine et sait deviner la provenance de n'importe quel accent dès qu'il en entend un, y compris celui des bas-fonds de Londres, le cockney, de lady Audrey Hepburn... Il aurait dû voir *Le cerf-volant du bout du monde* avec nous, avec tous ces accents, il se serait bien amusé.

Le bureau de mon père est à deux pas d'ici, sur le campus de l'université. Nous avons dit longtemps, dans nos bouches molles d'enfant: «à... nuversité». Chez nous, de toute façon, mon père, en savant qu'il est, ne porte-t-il pas des «nunettes»? Son bureau, c'est à la Faculté des arts, et même si j'ai neuf ans, je l'appelle toujours d'une expression sortie tout droit de nos élucubrations familiales: la «Faculté des petits lézards». Dans ma famille, de toute façon, une foule d'autres mots d'enfant continuent leur vie hors de la petite enfance: une «crème comie», un «toumouloum» sont tellement plus savoureux qu'un pouding Shiriff à la vanille ou qu'un cornet de crème glacée molle... surtout sous la dent sucrée de mon père.

Vite, aller le rejoindre! Nous prenons nos jambes à notre cou et nous nous apprêtons à dévaler la pente qui mène à son bureau. Oups! C'est vrai, il nous a interdit de courir. Impossible, chaussées de nos petits souliers en cuir fraîchement cirés, qu'il a lui-même astiqués. Il y a quelques années encore, mon père nous grimpait toutes les quatre debout sur son établi avant chacune de nos sorties chic, et en un tournemain cirait nos souliers à la ronde. Nos chaussettes blanches l'étaient un peu moins à la fin, mais qu'importe, au mouvement preste de la brosse, nos orteils se trémoussaient sous le cuir souple. Immanquablement, cette séance de cris et chatouillements était suivie d'une autre: mon père se rasait, et nous à sa suite! Quel délice d'étendre sur nos joues de la crème à barbe si onctueuse à l'aide de son blaireau, de se laver à la débarbouillette d'eau tiède, puis de se frictionner le menton en de petits gestes rapides, la Yardley dégoulinant de nos doigts, imitant mon père dont la peau fraîchement rasée piquait pour de vrai, elle, au contact de la lotion à barbe.

Tiens, j'ai l'impression que mes joues sont encore parfumées, malgré mes années de plus et le vent d'ouest qui nous fouette le visage. Nous courons si vite. «Ne courez pas»; quelle drôle d'idée! Mon père en a souvent, des drôles d'idées. Même celle de prétendre qu'on peut mettre des accents sur les lettres majuscules. C'est ce que j'ai prétendu à mon tour devant ma prof l'autre jour. Elle a potassé dans ses livres et ses grammaires, et j'ai finalement gagné mon pari! Il faut dire que mes profs de français me regardent toujours d'un bon œil: j'adore les compositions françaises et en plus mon père, à tour de rôle, leur a toutes enseigné. «Ah, tu es la fille de Monsieur Painchaud?» demandent-elles systématiquement en début d'année...

Dans notre course folle, rien ne nous arrête, et nous faisons un pied de nez à l'arrêt-stop que nous croisons. Bilingue, l'arrêt-stop? Pfft, mon père l'est aussi! C'est que sa mère était anglaise, une Anglaise d'Angleterre. Elle est morte quand il était petit. Une fois l'an, sa vieille tante que nous appelons Aunty Glad (de Gladys) nous reçoit pour le *Five O'Clock Tea*. Mon père déteste boire du thé, mais une fois bien calé dans le canapé de sa tante, quelques petits fours et verres de sherry derrière la cravate, il fait comme si de rien n'était. Aunty Glad ne parle pas un traître mot de français et la dernière fois, avec mon anglais de 4e année et ses formules toutes faites, eh bien, j'ai arraché mon père d'un fulgurant trou de mémoire. Au fil de la conversation, il cherchait l'équivalent anglais du mot «ordinateur», puisque mon grand frère «s'oriente dans ce domaine». Ça ne lui venait pas. J'ai dit: *computer*! Je le savais. Je connais à peu près seulement: *Do you like carrots?* Une question pas très pratique dans la vraie vie et qui m'a valu mon lot de moqueries dans la famille; *computer*, ça, ça tombait plutôt bien.

Nous approchons du bureau de mon père, il est temps de ralentir, sinon il s'apercevra à nos essoufflements que nous avons couru à perdre haleine. Nous franchissons les portes de la «Faculté des petits lézards». Sur le terrazzo, aucun lézard en vue. Nous passons devant le Centre CAS, un centre ultra-moderne équipé de toutes sortes d'appareils sophistiqués que mon père a aidé à mettre sur pied, «pour faire mieux comprendre les mécanismes de la langue», comme il dit. Ah! Nous, nous savons déjà ce qu'est une luette paresseuse (la préférée des nasillards), une diphtongaison, une fricative et j'en passe. Et que dire des vidéos expérimentales du Centre CAS qui feront les délices de nos partys de Noël, depuis que mes deux petites sœurs se sont prêtées au jeu devant la caméra et... cassé les dents sur les «marques du pluriel» et autres difficultés qu'entraîne l'apprentissage du français: la plus petite hésite et ronchonne «Yvonne et Monique va à l'école», tandis que la plus grande conjugue avec aisance et affirme haut et fort «Yvonne et Monique vont à l'école», en gonflant le torse. Mais le clou du Centre CAS, c'est l'énorme enregistreuse à rubans (et à piles)... qui n'a plus de secret pour nous! Toutes ces pannes électriques à la maison, gracieuseté d'Hydro-Sherbrooke, sont une telle partie de plaisir puisque, chaque fois, nous ressortons de son étui de cuir vernis le précieux engin, aux propriétés presque magiques. Il nous a permis d'inventer les plus belles émissions de variétés pour notre radio imaginaire, avec mon inimitable grande sœur Émilie à la barre de son fameux... *Émilie Painshow*, digne des meilleurs *Appelez-moi Lise*!

Ça y est, au bout du corridor qui sent toujours la même chose, indescriptible odeur de matériaux neufs mêlée à celle d'un détergent non identifié, voilà la porte du bureau de mon père. Nous ne sommes plus essoufflées du tout mais, le grand air aidant, avons l'estomac dans les talons. Notre dîner est déjà si loin! Mon père ne fait à peu près pas la cuisine, mais un bel après-midi où ma mère s'était absentée, il a lancé, d'un ton qui ne tolère aucun commentaire (nous l'écoutons, il parle si peu) : «Je ne m'appelle pas Painchaud pour rien!», et il a essayé de faire du pain avec nous. Pour une première, nous l'avons trouvé... «mangeable». La bonne pâte, il connaît, après tout. N'appelle-t-il pas chacune de ses filles... ma petite galette? J'ai cru longtemps que c'était l'équivalent féminin, et surtout universel, de mon petit chou. Je me trompais. J'avais sous-estimé, encore une fois, la singularité de mon père.

Et là, au fond de ce corridor sans fenêtre où le temps est suspendu, je me dis qu'enfin nous pourrons partir avec lui, main dans la main (il n'a que deux mains, nous sommes quatre filles, comment faire?), descendre au sous-sol de la faculté, aller dans la grande salle sombre jusqu'aux machines distributrices, et se choisir chacune, pour nous toutes seules, une barre de chocolat à notre goût (Mars, Crunchie, Bar Six ou Oh Henry cette fois-ci?), une gâterie qu'il ne nous réserve qu'une fois par mois. À neuf ans, je sais déjà combien la rareté crée le désir!

L'eau à la bouche, nous n'en pouvons plus, vite, cogner à la porte du bureau de mon père, le déranger sans doute dans ses recherches sur les «mélioratifs» et une idée de son invention, le «halo affectif», des termes bien savants qui veulent simplement dire que certains mots comptent plus que d'autres pour nous, et que s'il y a des mots qu'on dit «péjoratifs», il y en a d'autres qui sont tout le contraire, qui nous attirent et que nous aimons par-dessus tout, comme les mots «soleil» ou «amitié», et j'ajouterais dans mon propre palmarès de petite fille les mots «cerf-volant», «établi», «joue», «lézard», «enregistreuse», «pain», «galette», «chocolat» et, surtout, le mot «père».

MON PÈRE ET PAS UN AUTRE, LUI QUI N'AVAIT RIEN D'UN PÈRE

HÉLÈNE PEDNEAULT

Hélène Pedneault a
sept livres à son actif,
dont *Pour en finir
avec l'excellence*
(1992), *Les Carnets
du Lac* (2000) et
*Mon enfance et
autres tragédies
politiques* (2004). Sa
pièce, *La déposition*,
a été traduite en
anglais, en italien, en
néerlandais et en
allemand, et n'a
jamais cessé de jouer
depuis sa création en
1988. Elle a cofondé
la Coalition Eau
Secours! en 1997
pour protéger les
eaux du Québec
contre les prédateurs
et les privatiseurs.
Elle est indépen-
dante, indépendan-
tiste et féministe de
souche. Née au
Saguenay, elle vit en
Haute Matawinie
depuis une quinzaine
d'années.

Je n'ai pas vu mon père depuis trente ans. Je n'ai pas la moindre idée de ce qu'il est devenu. Sa mère, sa femme et ses sœurs, toutes les femmes de sa vie sont mortes après lui, hormis ses trois filles. Selon toute apparence, la mort fige un être au dernier âge qu'il aura eu, comme un appareil photo définitif. Je n'ai pas non plus la moindre idée de ce qu'il serait devenu de ce côté-ci de la vie. Comment aurait-il évolué? Aurait-il évolué? Je ne sais pas. Il restera pour toujours un être énigmatique qui ne semblait pas avoir de souvenirs d'enfance. On aurait dit qu'il n'avait que des souvenirs de l'armée, lui qui n'avait rien d'un guerrier.

Je ne saurai pas comment il aurait vieilli. Je ne lui ai jamais connu de cheveux. Je le vois bien sur une photo tendre, quand il me berce, bébé, une jambe par-dessus le bras de sa chaise berçante pour donner un support solide à mon petit dos fragile. Et le peu de cheveux qui lui restait n'étaient pas blancs, comme sa mère, qui a commencé à avoir des cheveux blancs dans ses quatre-vingts ans. Ma grand-mère Zélia aura vécu presque quarante ans de plus que son fils. J'ai hérité de la chevelure abondante de ma mère, mais je n'ai pas de cheveux blancs, comme lui. Il n'avait pas vraiment de rides. Moi non plus. Dans deux ans, j'aurai le même âge que lui. Cinquante-six ans, c'est trop peu de temps pour se remettre de l'enfance et trouver ce qui nous convient pour la suite des choses. Il est parti comme il a vécu, à toute vitesse, un éclair qui faisait beaucoup de vent quand il traversait la cuisine pour descendre à la cave, son ventre protecteur plus que son antre, à mes yeux.

Je l'ai souvent perçu comme un enfant perdu dans un monde trop grand pour lui. Aura-t-il été un père au sens où les livres de psychologie l'entendent? Il se réfugiait souvent dans le bois ou près de l'eau, lac ou rivière, là où personne ne pouvait lui faire de mal et où le temps passait d'une façon qui lui convenait. Aujourd'hui, je suis sûre qu'il serait fier que j'aie cofondé la Coalition Eau Secours! pour défendre nos eaux, et il en serait membre, probablement. Il avait beau avoir un fusil à la main et être un excellent tireur, il ne revenait jamais à la maison avec un animal mort, sauf des poissons. Il aimait la musique et jouait très bien de la clarinette et du saxophone. Je le revois jouer *L'Arlésienne* de Bizet dehors, l'été, sur le gazon. Quand il entonnait avec la foule des fidèles les chants religieux à l'église, il ne chantait jamais à l'unisson. Il cherchait toujours à faire des harmonies, ce qui me gênait quand j'étais enfant. Je fais la même chose aujourd'hui, je cherche les harmonies. Il lisait, il a eu son permis de conduire et sa première auto à quarante-cinq ans, il ne buvait pas une goutte d'alcool et il admirait les Indiens, ce qui le distingue déjà des autres Québécois de sa génération.

J'ai beau essayer de l'imaginer à la guerre, sur un champ de bataille, avec un fusil fabriqué spécialement pour donner la mort, je n'y arrive pas. Il aurait donné n'importe quoi, sauf ça, la mort. Il n'avait rien d'un prédateur. Il a épousé ma mère en plein hiver 1944, le 30 décembre. Quelques mois plus tard, son barda sur le dos, il s'est rendu jusqu'au port d'Halifax, prêt à embarquer. Il a été sauvé par la Libération. Il a fait sa guerre au camp de Valcartier, à Québec, à jouer de la musique et à être *cook*, comme il disait. Les jours de permission, il sortait dans les bars de Québec avec des copains de son régiment. Comme il ne buvait pas, ils lui confiaient la responsabilité de tous leurs portefeuilles avec la consigne de les empêcher de boire toute leur paye sans s'en rendre compte, trop soûls. À jeun, il avait autant de plaisir que les autres. Il avait tout d'un bon gars. Même s'il n'est pas allé au front, ça ne l'a pas empêché d'être décrété ancien combattant et à ce titre, de profiter d'un programme fédéral pour acheter une petite maison, au début des années 1960, dans ce qu'on a appelé le «quartier des Vétérans», ce qui lui donnait quand même une aura de héros. Sans la guerre, notre famille aurait été de la classe condamnée à rester locataire jusqu'à sa dissolution.

C'est à Québec qu'il a connu ma mère, une fille de Lauzon qui travaillait dans une manufacture de corsets, boulevard Charest. Elle était d'une beauté éblouissante. Je n'ai pas connu cette femme-là. J'ai seulement connu ma mère. Mon père a gravité autour d'elle comme un satellite autour de sa planète, d'abord à cause de sa beauté, assurément, qui n'a pas persisté longtemps après son mariage, puis à cause de son énergie et de sa volonté sans faille. La vie a été bonne pour lui, finalement. Comme il ne pouvait rien faire sans elle, ma mère a été forcée de lui survivre, même avec une maladie chronique. Je ne saurai jamais comment il a réussi à la séduire, timide comme il était. Telle que je l'ai connue, c'est probablement elle qui l'a attrapé dans ses collets, avec sa détermination à toute épreuve. Fallait-il qu'il lui plaise pour quitter l'homme avec qui elle sortait depuis quatre ans pour épouser mon père neuf mois après leur rencontre! Non, elle n'était pas enceinte. Il leur faudra même deux ans et demi pour que ma sœur aînée arrive. Sur une photo tendre d'été chaud, ils sont en pique-nique, allongés sur une couverture et ils se regardent. Je n'ai pas connu ces beaux jeunes gens. Sur cette photo, ils ne devaient pas encore être des parents. Seulement des amoureux.

Avec le recul que leurs deux morts me donnent, et malgré la réelle dévotion que j'ai eue pour mon père, je trouve aujourd'hui qu'il a été plus dommageable pour moi que ma mère, alors que j'ai longtemps cru et même entretenu le contraire avec une sorte d'acharnement. J'étais le garçon qu'il n'avait pas encore. Après m'avoir amenée partout avec lui jusqu'à mes douze ans, un dimanche matin, en partant à la pêche, devant mes deux cousins et mon oncle, le coffre de l'auto ouvert pour y mettre tout leur attirail, je le revois encore, mon propre père m'a salement abandonnée, sans explication. Mon frère venait de naître alors qu'il n'espérait plus de garçon. Il était enfin un homme comblé, et je devenais de plus en plus une fille. C'est là l'explication que je me suis forgée pour me consoler, des années plus tard.

Je ne savais pas encore parler quand il est mort. Je n'avais que vingt-quatre ans. Je ne savais pas traverser et traduire les silences de mon père. Aujourd'hui, je lui poserais des questions. Aurait-il été capable de me répondre? Je ne sais pas. Le silence est une bénédiction quand on y habite. Mais quand il s'interpose entre deux personnes, le silence mène à tout, surtout au pire. À partir de ce dimanche matin-là, je l'ai boudé jusqu'à sa mort.

Ce qui est injuste dans le fait de perdre ses parents quand on est jeune, c'est qu'on n'a pas le temps de décanter notre rapport avec eux. On n'a pas le temps de les voir vraiment, ou seulement comme des outils de passage, trop occupé qu'on est à bâtir sa vie adulte, en grande partie sur leur dos. Il a beau être minuit, Papa viens me chercher. Papa, réveille-toi, viens me conduire là ou là. J'ai souvent prétendu que j'aurais eu du talent pour être orpheline. C'était de la pure vantardise. Dans ma vie, je me suis trouvé plusieurs autres mères, mais je ne me suis pas trouvé de père de remplacement. Je n'en ai même jamais cherché, comme si je n'avais pas voulu d'autre père que celui que j'ai eu. On peut voir ce fait de deux façons : soit mon père m'a comblée, et je n'ai pas éprouvé le besoin d'en avoir un autre ; soit cette absence de quête d'une autre figure paternelle est le résultat de la rupture de mes douze ans, qui s'est généralisée en une perte de confiance définitive envers tous les hommes de la planète. Est-ce possible ? Si c'est le cas, cette réaction ne serait même pas excessive, malgré son apparente démesure. Compte tenu de l'amour absolu que je portais à mon père, sa trahison et ma chute ont été vertigineuses. Je ne peux même pas évoquer une banale déception parmi d'autres, seulement la fin du monde. La fin de notre monde commun. Je m'en suis créé un autre sans lui.

Je fonctionne à l'envers du bon sens : je ne m'inquiète pas de savoir ce que la vie peut me donner, je m'inquiète de savoir ce que je peux donner à la vie. Et même si la vie ne me donnait rien, ou pas grand-chose — ce qui n'est pas le cas, la vie m'aime, je voudrais tout lui donner quand même. Je serai toujours en dette avec la vie, comme si elle était une personne généreuse. C'est peut-être pour cette raison valable que je n'ai jamais voulu d'autres parents. J'ai seulement tenté de tirer le maximum de

ce qu'ils m'ont donné de temps, de patience, de traits de carac-
tère ou de talents pour le rendre à la vie et le déposer dans son
grand réservoir où ceux et celles qui en ont besoin peuvent
aller puiser. Et ce que mes parents ne m'ont pas donné, ce qu'ils
n'ont pas pu me donner parce qu'ils ne l'avaient pas reçu, ou
ce qu'ils n'ont pas eu le temps de me donner parce que la mort
était trop pressée, je me le suis patenté tant bien que mal,
uniquement avec des matériaux recyclés ramassés en cours de
promenade, artisane du hasard et des nécessités.

CE PÈRE, CET ÉTRANGER

CLAUDINE BERTRAND

Grande ambassadrice de la poésie québécoise, Claudine Bertrand a publié une vingtaine d'ouvrages poétiques et de livres d'artiste au Québec et à l'étranger, dont *L'amoureuse intérieure* (prix 1998 de la Société des écrivains canadiens). *Le corps en tête* (L'Atelier des Brisants, 2001) lui vaut le prix international de poésie Tristan-Tzara. Elle est médaillée d'or du Rayonnement culturel de la Renaissance française et récipiendaire du prix international Saint-Denys Garneau 2002 pour *L'énigme du futur,* coproduit avec l'artiste Chantal Legendre. Elle dirige la revue *Arcade* depuis ses débuts, ainsi que la revue *mouvances.ca.*

Les livres millénaires
d'avant l'aube trompent l'ennui et la nuit

Arbre de pierre
décapité
cri sombre des dieux de l'Oubli
des nébuleuses meurent en pleine
jouissance

* * *

Les poètes se sont tus
la vie en seringue
trembla, père
devant les roses trémières
tu remuas des lèvres

L'étoile longe la plage et le papier
mais ne peut briser le noir
les mains fondent en lui

Les yeux du soleil
parlent déjà
chantent le jour
et dansent dans les villages

Pablo Neruda

* * *

Je n'ai plus ni prière
ni tourment

Je n'ai plus de pierre
ni de père
j'irai plus loin
que votre silence

* * *

L'arbre passe
à côté des enfants
le front de la page
s'effrite

Des yeux bien brouillés
dans la paille
les doigts dans les fentes
qui est cet homme
accroupi dans le jardin

* * *

Le poème a pris le mors aux dents
revient à la nuit
le corps du poème
nous conduit dans la foudre

Quand cesserez-vous
d'être étrange, père étranger

LES MOTS QU'IL N'A PAS DITS

PAULE BRIÈRE

Après des études éclectiques en sciences sociales, arts et lettres, Paule Brière a enseigné l'anthropologie des rapports de sexes pendant quelques années, avant de se réorienter vers le journalisme puis la littérature jeunesse. Elle est maintenant rédactrice en chef (*Pomme d'api, J'aime lire*) et directrice de collection (Bayard, Les 400 coups). Elle a publié une ving-taine d'ouvrages, de l'essai au bébé-livre, tant au Québec qu'en France.

Pour la plupart, nos pères n'ont pas été bien bavards. Avares de mots, on les a crus pauvres en sentiments. Et si on n'avait pas su les écouter? Vraiment écouter.

J'ai beau chercher, creuser, reculer dans ma mémoire, reculer encore jusqu'à redevenir la toute petite fille amou-reuse de son immense, son admirable, son incomparable papa, je ne me rappelle pas qu'il m'ait jamais dit «je t'aime». Ai-je moi-même avoué toute la puissance de mon parfait œdipe, autrement qu'en fanfaronnant devant ma mère?

«Moi, quand je serai grande, je me marierai avec Papa.

— Mais Papa est déjà marié avec moi.

— (*Moue de mépris condescendant.*) Oh! toi, quand je serai grande, tu seras vieille et morte!»

Lui ai-je dit «je t'aime»? Peut-être, peut-être pas, notre mémoire d'enfance est sélective, impressionniste. Je ne me rappelle pas de mots d'amour échangés avec mon père, ni de lui à moi, ni de moi à lui. Peu importe. Il y a bien d'autres moments d'échange dans mes souvenirs.

Souvenirs de promenades à la campagne. Repérer les trous de marmotte et les traces de chevreuil. Découvrir les sabots de la vierge diaphanes et les taupes à l'étrange museau étoilé. Goûter les catherinettes, les pimbinas et les chanterelles. Rouler entre nos doigts les aiguilles de sapin et celles de l'épinette. Lesquelles sont rondes, lesquelles sont plates? Je ne sais plus. Comme j'ai oublié à quelle distance semer les graines de haricots et quoi planter à côté des pommes de terre pour éloigner les parasites, dont j'ai aussi perdu le nom. Il me reste les livres pour retrouver ces leçons trop vite oubliées. Mon père m'a pardonné ces oublis, j'en suis certaine. Car j'ai retenu l'essentiel: que la vie est belle et la nature encore plus; que c'est les orteils dans la terre grasse et les cheveux au vent qu'on se sent vivre, vraiment vivre, plus et mieux que dans les salons, sous les honneurs et les projecteurs.

Souvenirs de petits matins de juillet. Oui, dès l'aurore, moi qui suis devenue une incorrigible lève-tard. Fallait-il que je le veuille pour moi toute seule, mon papa! Tout seuls donc, tous les deux dans la cuisine du chalet, on déjeunait en vitesse et en silence pour ne pas réveiller le reste de la famille. Même pas un commentaire sur l'excentricité de mes petits-déjeuners — toasts au ketchup! — qui faisaient tant chicaner ma mère et se moquer mes frères. Souvenirs des heures immobiles au milieu du lac, entre brume fraîche, soleil tapant et maudits moustiques, à attendre d'improbables prises. Toujours en silence, pour ne pas effrayer le poisson. À peine quelques mots sur l'art oh combien mystérieux de la pêche.

«Comment je vais le savoir si ça mord, Papa?

— Ça va donner un coup.

— Un coup comment?

— (*Silence.*)

— Un coup comment, Papa?

— (*Silence.*) Un p'tit coup.

— Mais un p'tit coup comment?

— (*Silence puis soupir, petit sourire au coin des yeux.*) Tu vas le savoir, ma grande...»

Aurait-il passé toutes ces heures à me dire et à me répéter qu'il m'aimait comme j'étais, qu'il avait confiance en moi, que j'étais la meilleure, l'aurais-je mieux aimé? Aurait-il gaspillé ces précieux silences à m'expliquer que c'était ça l'amour, cette complicité, cette attente partagée, ce simple bonheur d'être ensemble, l'aurais-je mieux compris? J'en doute.

Souvenirs de chansonnettes au bord du lit. Aucun autre homme ne m'a jamais chanté de chansons d'amour. Ça m'aurait trop fait rigoler! Et pourtant, blottie dans mon lit d'enfant, mon cœur battait pour Jeannette et la belle Françoise, malgré les «maluron-lurette» et autres «alazim-boum-boum» qui prêtaient pourtant bien plus à rire qu'à compatir ou à se révolter. Mais il y avait tant de charme dans sa voix grave et sans doute un peu fatiguée. Il y avait tant de surprenants échos à mes rêves de prince charmant dans ces histoires de bonnes de curé qui allaient se marier. Ou qui allaient se faire zigouiller avec leur amoureux! C'est peut-être à cause de ces ritournelles bon enfant chantées par mon père que, dix, douze ans plus tard, je me suis soudain mise à pousser la sérénade à mon tour.

«Elle court, elle court, la maladie d'amour. Je l'aime à la folie, je l'aime à la folie. Mon amour, mon amour, mon amour, mon amour.»

Le coup de foudre venait de frapper! Mon père n'avait plus rien à y voir, il était désormais remplacé, l'œdipe complètement dépassé. Il m'avait seulement appris à exprimer l'amour. À sa manière. Sans le dire. Sans même le faire exprès.

Derniers souvenirs sans paroles. Comme bien des hommes, mon père est mort sans grande déclaration, sans dernières paroles à marquer pour la postérité, sans un mot en fait. Avec pudeur et discrétion, des mots presque honteux à l'heure de la télé-réalité et du vedettariat instantané, après quelques décennies d'autocritiques collectives et de thérapies de groupe. Professeur, avocat et auteur, il maîtrisait pourtant tout un vocabulaire savant, en français comme en latin. Il avait aussi œuvré à donner aux enfants du Québec le droit de porter le nom de leurs deux parents. C'est dire toute l'importance qu'il accordait aux mots ! Et qu'il m'a transmise, puisque je fais métier d'écrire.

Mais les mots qui comptaient le plus, il ne me les a jamais dits. Je les ai entendus pourtant. Autrement. Et je ne les ai jamais oubliés. Il n'y a pas que les mots pour dire. Si on sait écouter.

LE PARADIS SUR TERRE

ISABELLE CYR

Diplômée en lettres
et en philosophie de
l'Université McGill, et
en jeu du Conserva-
toire d'art dramatique
de Montréal, la comé-
dienne Isabelle Cyr,
qu'on connaît au petit
et au grand écran,
s'est récemment
consacrée à l'écriture,
à la réalisation et à la
production (*Une
journée comme les
autres*, court métrage,
2002). Son engage-
ment social l'a aussi
menée à produire des
événements d'enver-
gure au soutien de
différentes causes
humanitaires : la lutte
contre le SIDA
(*Élégies*, 1998), les
mouvements pour la
paix (*Lysistrata*,
2003) et une sous-
cription pour les
victimes du tsunami
(*Mots de secours*,
2005).

La pleine lune se lève au-dessus de la baie de Cocagne. Dans le chalet, mon père chante d'une voix émouvante les chansons qui ont marqué mon enfance. Je l'accompagne au piano. Les notes, les airs et les souvenirs se succèdent. Il semble si heureux. Tantôt il se rappelle fièrement la mélodie, tantôt il cherche des paroles enfouies dans une mémoire qui lui échappe de plus en plus. Soudain, dans une envolée musicale, il se met à valser. Je quitte le piano et, chantant avec lui, il m'entraîne dans une danse qui nous fait oublier le temps.

* * *

«S'il vous plaît, Papa, raconte-moi l'histoire du Gros Géant et du Petit David.» Alors il s'allonge près de sa petite dernière qu'on a sommée d'aller se coucher mais qui a peur toute seule, en haut, dans sa chambre. «Il était une fois le Gros Géant et le Petit David.» Bientôt plongée dans l'univers fascinant de la mythologie, la petite oublie ses peurs et, dans les bras de son père, elle s'endort.

* * *

«Viens vite, regarde l'arc-en-ciel au-dessus de la baie. Il va de l'île jusqu'au cap. Vite, va chercher ta mère.» Alors la fillette court à l'intérieur du chalet et tire sa mère de la cuisine. Et sur le patio, face à la mer, les parents s'extasient devant cette nature féérique. «On est chanceux. On vit dans le paradis sur terre. On est des gens fortunés.» Ils s'embrassent tendrement. La petite comprend ce qu'est la fortune, la vraie.

* * *

Le Mi'kmaq mange en racontant des histoires drôles en anglais. Elle ne comprend pas tout, mais est fascinée par ce visage si expressif. Comment cet homme aux cheveux si noirs est-il devenu l'ami de son père aux cheveux si blancs? Entre deux gorgées de bière, les deux hommes éclatent de rire. Dans le bref silence qui suit, son père demande à son bon ami s'il est marié et s'il a des enfants. Étrange qu'il ne le sache pas, se dit la petite. L'ami répond qu'il a une sacrée belle femme et cinq beaux enfants. Qu'ils vivent sur la réserve de Big Cove. Qu'il est en route vers Amherst, en Nouvelle-Écosse, où il va travailler chez son frère, le temps de gagner un peu d'argent.

Le père lui offre un cigare. L'ami le remercie de le recevoir si bien, lui confie que, sans lui, il serait sûrement encore sur le bord de la route, le pouce en l'air, à compter les centaines de voitures qui ne s'arrêtent pas et à se demander où il allait dormir ce soir. «*In the best hotel in town!* lui lance le père. *I have business in Spring Hill tomorrow. I'll drop you off if you wake up in time. I leave at 7 AM. White man's time!*» Un autre éclat de rire. La fumée des cigares donne mal au cœur à la petite, alors elle s'excuse de table et regardant trinquer l'homme aux cheveux noirs et l'homme aux cheveux blancs, elle comprend ce qu'est la générosité, la vraie.

* * *

Moncton, le 28 août 1979, la nuit. Les sirènes retentissaient, les gyrophares éblouissaient. Les policiers, les pompiers, les curieux et les journalistes s'amoncelaient devant l'édifice en flammes sur la rue Lutz. «C'est la deuxième fois que l'avocat Cyr passe au feu. Rappelez-vous l'incendie en 71 sur la Main. — La troisième! Il y a eu Grand-Sault en 59. — C'étaient des accidents. Cette fois, c'est une bombe.»

La cellule Beaubassin revendique l'attentat. L'affaire Jacky Vautour, le parc Kouchibouguac. L'avocat Cyr, l'avocat du peuple, le défenseur des droits égaux, de la justice pour tous, le premier à défendre les droits des Acadiens au conseil municipal durant la crise de 1968, exceptionnellement avocat de la Couronne dans cette affaire, était devenu, pour certains, l'ennemi.

Les flammes jaillissaient dans le noir. Les étincelles, emportant le fruit de vingt-cinq ans de pratique, se confondaient tristement avec les étoiles.

Sa famille, les quatre enfants en pyjama et sa femme, les larmes aux yeux, impuissants et abasourdis, observaient ce spectacle navrant. Et lui, comprenant bien le dur défi qui l'attendait, se tenait droit debout, stoïque, souriant aux uns et aux autres, hochant la tête, remerciant le bon Dieu que sa famille ait été épargnée. Cet homme-là, plus d'une fois éprouvé, répondait aux journalistes qu'il déplorait le vandalisme, mais soutenait que chacun avait le droit à son opinion, à ses convictions et que seule une société démocratique pouvait faire respecter ce droit fondamental. Que malgré les différends et les épreuves, il fallait continuer à y croire, à croire en la démocratie.

Le lendemain matin, alors que les policiers accompagnaient ses enfants à l'école, l'avocat Cyr, les manches retroussées, triait les débris en espérant trouver quelques effets qui auraient résisté au sinistre. Tout au long de la journée, des dizaines et des dizaines de gens arrivaient. Des amis, des clients, les Français comme les Anglais, des pauvres gens qu'il avait mille et une fois sortis d'un pétrin juridique ou d'un pétrin tout court sans leur demander d'argent ni quoi que ce soit puisqu'il connaissait leur misère, tous ces gens venaient volontairement l'aider à recommencer.

À l'heure du souper, quand la petite fille vit son père entrer, le front en sueur, les mains et les vêtements souillés de suie, lui demander si elle avait passé une bonne journée à l'école, elle comprit ce qu'était le courage, le vrai.

* * *

Quand le diagnostic fut prononcé, mon père s'est mis à pleurer. Elle allait mourir. Le cancer avait fait des ravages irréparables. Son épouse, sa compagne, sa force de vie n'avait que quelques mois à vivre. De Banff à Montréal puis à Moncton et à Cocagne, la maladie progressait et, malgré la lutte acharnée, la vie s'étiolait. Mais l'amour grandissait. Comme si quarante-deux ans de mariage se quintuplaient tous les jours, dans les rires, les pleurs, les chicanes et les réconciliations.

La petite dernière était devenue grande. J'avais l'âge d'avoir des enfants, mais je n'en avais pas. Alors pendant cinq mois, j'ai soigné ma mère, jour et nuit. J'étais là, avec eux, mes parents que la mort allait séparer. Ce temps auprès d'eux est le cadeau le plus précieux que la vie m'ait donné.

J'ai vu mon père dans toute sa force et toute sa fragilité. Lui qui avait survécu à trois crises cardiaques avec tout le courage que je lui connaissais, je l'ai vu avoir peur, avoir mal. Je l'ai vu en colère. Je l'ai vu égoïste, impatient, démuni, affolé. Je l'ai vu se mettre à genoux, demander pardon pour toutes les fautes, les blessures. Je l'ai vu brave, lucide et amoureux. Lui dire merci pour les plus belles années de sa vie, lui masser les pieds, le dos, des heures durant. Déposer des baisers sur ses lèvres comme pour la première fois, tremblant de désir et de fébrilité. Je l'ai vu lui dire adieu comme on dit « Je t'aime » pour la première fois.

Alors j'ai compris ce qu'est l'amour, le vrai.

* * *

La lune est haute dans le ciel. Dans le chalet, la chanson tire à sa fin. Il me fait pivoter une dernière fois. Il suspend la dernière note. Il étire le plaisir. Puis, ramenant son pied vers l'avant, vers l'arrière — je fais de même —, il fait un *decrescendo bellissimo*. Puis, une finale grandiose digne de Caruso. On se fait une grande révérence, puis, éclatant de bonheur, on s'enlace en riant.

Du coin de l'œil, il voit le reflet de la lune sur la baie. « Viens vite ! » Il m'entraîne dehors sur le patio. « C'est de toute beauté ! » s'exclame-t-il. Les yeux pleins de larmes, je lui réponds : « Tu es le meilleur papa du monde. » Il regarde la lune, me prend la main. « Où sommes-nous, au juste ? » me demande-t-il. « À Cocagne, Papa. » Il me serre contre lui. « Ah oui... Le paradis sur terre. »

LES BONSHOMMES

SYLVIE MASSICOTTE

Sylvie Massicotte vit près de Montréal. Elle a publié quatre recueils de nouvelles aux éditions de L'instant même, un récit chez Leméac, trois romans pour enfants et un pour adolescents à la Courte échelle où elle dirige la collection « Poésie ». Elle a également signé des textes de chansons pour différents interprètes. Plusieurs de ses nouvelles ont été traduites en anglais, en espagnol et en néerlandais. Elle anime des stages d'écriture reconnus au Canada et en Europe.

J'avais vingt-deux ans quand j'ai perdu mon père. Quelquefois, je pense à lui, je pourrais dire souvent. Je m'ennuie de ses expressions colorées, provocatrices, et de son sourire en coin pendant qu'il attendait des réactions. Il venait d'une bonne famille qu'il aimait défier. Maîtrisant à la fois une langue soignée et une langue plus populaire, il lançait des mots crus là où on ne les attendait pas. Il adorait rire et faire rire. C'était pour ne pas pleurer. Mon père était très angoissé.

Parfois, dans ma maison, j'espérerais trouver de ces personnages qu'il installait pour nous surprendre. Certains jours, quelques heures après son départ matinal, nous nous levions toutes pour le petit-déjeuner et, à la cuisine, un bonhomme bricolé à partir d'un imperméable et d'un chapeau était attablé dans une drôle de posture. Les soirs où nous rentrions tard, il nous arrivait de découvrir encore de ces personnages étranges, en pyjama, assis dans notre lit. Plus mon père était absent, plus la maison familiale devenait peuplée de ces bonshommes conçus rien que pour nous. J'aurais souhaité qu'il en fabrique au moins un dernier, qu'il laisse cette sorte de sourire au moment de partir pour toujours. Mais je crois qu'il n'a pas eu le temps d'y penser. Et puis il restait lui, ce pantin muet tourné vers la porte de sa chambre d'hôpital. Ses yeux trop calmes, figés à la hauteur des miens. Le silence.

Aujourd'hui, je suis un peu celle qu'il a été. Je me plais à provoquer des réactions avec les mots. C'est avec eux que je crée des personnages. Ainsi, je cohabite toujours avec les bonshommes. Ceux que j'invente et aussi ceux que mon mari fait naître pour ses films d'animation. La vie passe. Certains mystères demeurent. Je ne saurai jamais ce que mon père aurait pensé de mes livres.

UBU, MON PÈRE

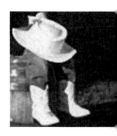

CATHERINE MAVRIKAKIS

Née en 1961, Catherine Mavrikakis enseigne la littérature à l'Université de Montréal. Elle a publié *La mauvaise langue,* un essai sur la langue et la folie (Champ Vallon, 1997) et *Condamner à mort. Les meurtres et la loi à l'écran,* un essai sur la peine de mort (Presses de l'Université de Montréal, 2005). Elle a aussi publié trois romans : *Deuils cannibales et mélancoliques* (Éditions Trois, 2000), *Ça va aller* (Leméac, 2002) et *Fleurs de crachat* (Leméac, 2005). En collaboration avec Martine Delvaux, elle a écrit un essai-fiction sur la maternité, *Ventriloquies* (Leméac, 2003).

Mon père aimait les femmes et Margaret Thatcher.

Mon père conduisait une Buick Wildcat verte au toit noir, une Cadillac Brougham grise, funéraire et puis aussi une Renault 5, mais seulement dans les grandes occasions.

Mon père mangeait des calmars à l'ail, des moules crues et des huîtres pas fraîches. Il avait aussi un goût prononcé pour le gruyère, les oranges et les babas au rhum.

Mon père rinçait ses cheveux noirs avec du vinaigre blanc.

Mon père se rasait à l'aide d'un rasoir argent et d'un blaireau qui faisait de la mousse blanche légèrement mentholée.

Mon père se faisait couper les cheveux par des Italiens, chez le barbier Roxy et m'amenait toujours avec lui. Là, enfant, au salon de coiffure, juchée sur un tabouret rouge, je pouvais à satiété consulter sous le regard d'un groupe de vieux messieurs indifférents, d'immigrants méditerranéens, une pile impressionnante de magazines *Playboy.*

Mon père voyageait sur Air France et faisait partie du club des V.I.P.

Mon père me disait toujours, sur le pas de la porte de notre bas de duplex, de bien m'occuper de ma mère et de surtout dormir avec elle dans son lit, à sa place à lui. Ces bonnes paroles ainsi lancées, il s'engouffrait rapidement dans un taxi qui le conduisait à l'aéroport et ne nous appelait plus pendant des semaines.

Mon père se disait parfois trop fauché pour m'acheter un manteau d'hiver, mais il me rapportait en février un *trench-coat* Burberry's qu'il avait acheté à l'aéroport de Londres, pendant une escale.

Mon père prenait un avion vers Athènes tous les mois, pour affaires. Il ne nous emmenait jamais avec lui. À quarante-cinq ans, je n'ai toujours pas mis les pieds en Grèce.

Mon père était français, né en Grèce et élevé en Algérie, et répondait à ceux qui lui demandaient ses origines: «Je suis chinois, moi, Monsieur. Mes enfants aussi.»

Mon père, quand il n'était pas en voyage, passait ses dimanches enfermé dans la salle à fournaise du sous-sol, parmi les boîtes sales et les déchets domestiques. Il avait besoin de solitude.

Mon père prenait souvent des médicaments pour se suicider. Il me fallait alors le conduire à l'hôpital, puis assister à un lavage d'estomac à la hâte par son meilleur ami, un médecin toxicologue. Il fallait ensuite s'occuper de lui pendant quelques jours, en faisant comme s'il sortait d'une maladie banale, involontaire, d'un mauvais coup du sort. Nous nous relayions à son chevet pour mêler nos plaintes feintes aux siennes.

Mon père me téléphonait le soir de son bureau situé au septième étage d'un immeuble au coin de Berri et Sherbrooke qui abritait le Centre capillaire Pierre. Il m'annonçait qu'il allait se lancer par la fenêtre. Je le suppliais de ne rien en faire. Il me raccrochait au nez, décidé. Aucune parole ne pourrait le faire changer d'avis. Il revenait, frais et dispos à la maison, le lendemain.

Mon père pleurait à chaudes larmes en parlant de sa mère, Catherine, morte à trente-six ans. Il me racontait en sanglotant qu'elle lui était apparue la nuit de ma naissance.

Mon père riait beaucoup en bousillant le moteur de la voiture des nouveaux mariés qui avaient l'intention de partir immédiatement après la cérémonie, en voyage de noces.

Mon père se lavait les mains après avoir touché un croque-mort ou simplement quelqu'un qui avait perdu un proche. La mort lui foutait la frousse et il ne fallait jamais parler de «cela» devant lui.

Mon père tenait à venir me chercher à l'école. Je l'attendais donc tremblante, seule sur le trottoir, devant le bâtiment fermé, jusqu'à sept heures du soir.

Mon père arrêtait la voiture sur l'autoroute qui traverse Montréal, le Métropolitain, et décidait de continuer son chemin à pied, nous laissant, ma mère avec laquelle il venait de s'engueuler, mon frère et moi, terrorisés, en pleurs.

Mon père s'enfermait dans la salle de bains du sous-sol avec un grand sabre marocain qu'un client lui avait donné pendant l'Expo 67. Là, il promettait de s'ouvrir le ventre. La police, que j'appelais, défonçait invariablement la porte.

Mon père, avant de partir le soir à un rendez-vous urgent, mettait le feu dans un trou dans le mur au sous-sol, là où gisaient quelques vieux chiffons. Comme je surveillais sans cesse ses moindres faits et gestes, j'éteignais tous les incendies. Il voulait nous tuer, m'avait-il dit, et je prenais toujours ses menaces très au sérieux. Avec raison.

Mon père avait dit à une amie de ma mère, qui s'était mariée très jeune, qu'il préférait se jeter avec moi du pont

Jacques-Cartier immédiatement plutôt que de me voir gâcher ainsi ma vie.

Mon père, de 1967 à 1973, me donnait dix dollars chaque fois que j'étais première de ma classe. Pendant donc six années, je recevais chaque mois ma récompense que je mettais, fière, économe, dans un compte en banque. En juillet 1973, mon père, qui avait des ennuis d'argent, vidait mon compte bancaire et liquidait ainsi toutes mes années de bonne fille première de classe. Il me promit de me rembourser un jour. Il ne le fit jamais.

Mon père, alors que j'avais seize ans, avait appelé ma directrice d'école, pour lui dire que mon comportement pouvait s'expliquer par ses infidélités, ses crises, ses tentatives de suicide et ses problèmes financiers. Il était prêt à venir en personne lui exposer nos vies. La directrice, heureusement, déclina l'offre et me supplia de me tenir loin de mon père en me proposant d'être désormais pensionnaire au collège.

Mon père s'asseyait la nuit sur une chaise de la cuisine et contemplait le plafond pendant des heures, prostré.

Mon père allait en prison, de temps à autre. Je n'allais jamais lui rendre visite.

Mon père restait muet quand les huissiers le matin arrivaient pour une saisie sur tous nos biens. Il prenait un air accablé, l'air du destin, celui de la grande scène du malheur.

Mon père allait faire des prières à l'oratoire Saint-Joseph dès qu'il avait des ennuis avec les gens mafieux qu'il fréquentait.

Mon père me répétait que je lui ressemblais, que j'étais son portrait tout craché.

Mon père avait beaucoup de maîtresses auxquelles il faisait des cadeaux somptueux que certaines d'entre elles nous renvoyaient dès que l'aventure était terminée. J'héritai ainsi, durant mon adolescence, d'un foulard Hermès et de quelques bijoux en or de très mauvais goût, ce que ma mère ne manqua pas d'ailleurs de me reprocher.

Mon père avait de nombreuses idées pour faire fortune. Un jour, c'était des casseroles, un autre jour, des bouteilles d'huile. Notre garage regorgeait de caisses de fonte émaillée et d'olives, ou encore de dictionnaires Grolier. Les voitures, sa passion, restaient alors dehors tout l'hiver et finissaient par se désagréger sous la rouille.

Mon père était un parvenu qui ne laissait que des pourboires chiches aux serveurs dans les restaurants. Dès que j'atteignis l'adolescence, je devais, en cachette, mettre sur les tables l'argent de ma honte.

Mon père, quand il était à Montréal, revenait très tard le soir. Je l'attendais blottie dans les rideaux du salon. Parfois, il me trouvait là, à son retour, au petit matin, lovée dans les plis.

Mon père n'avait pas de métier, si bien que je ne savais jamais quoi écrire ou dire quand on me le demandait. Je pris l'habitude de déclarer qu'il était un escroc. Lui préférait de loin le titre: «avocat international à la cour de La Haye».

Mon père m'interdisait de lire certains livres. Il avait des principes. Je me rappelle d'un Simenon qu'il m'avait retiré des mains parce qu'il y était question d'adultère et d'un film où deux personnes s'embrassaient, pour lequel il avait éteint le téléviseur, sans me dire un mot.

Mon père lisait un livre tous les soirs et souffrait d'insomnie.

Mon père téléphonait d'Athènes pour nous annoncer que ça y était, cette fois, qu'il nous quittait pour de bon et allait s'installer aux îles Fidji. Je devais, sur les recommandations de ma mère et de notre ami médecin, le supplier de revenir. Je n'étais pas du tout convaincue, mais je jouais assez bien le jeu.

Mon père pouvait être fier de moi. Finalement, il avait raison, je lui ressemblais.

Mon père avait un accent pied-noir qui lui faisait dire «jaune» ou «rose» d'une façon fort étrange. Il parlait aussi du dégraisseur pour dire le teinturier et me racontait qu'à Alger, il allait tous les jours, après le travail, à la mer, à la pêche au harpon. Je ne le croyais pas.

Mon père piquait des colères où il cassait tout dans la maison. Pendant qu'il descendait dare-dare l'escalier qui menait au sous-sol et au garage, je l'attrapais par les cheveux et lui arrachais à pleines poignées des morceaux de sa tignasse noire. Il me couvrait de bleus, mais j'avais quand même obtenu dans la bataille mon trophée, son scalp.

Mon père ne disait jamais du mal de personne. Les autres ne l'intéressaient pas.

Mon père m'apparaissait dans mes rêves toujours menaçant, courant après moi, un grand couteau de boucher à la main, me poursuivant pour me tuer, me découper en rondelles.

Mon père se transformait certains matins du week-end en cow-boy, en pirate ou en bête à cornes. Il devenait un taureau noir pour jouer avec ses enfants, les cousins, les amis du quartier. Avec mon frère, nous nous faisions toréador, et mon père fonçait à toute allure dans notre grande couverture rouge. Parfois, il se prenait pour un âne et transportait la horde enfantine à travers la maison. Ce n'étaient que rires et cris, pendant une ou deux heures, jusqu'à ce qu'un des gamins tombe et se fasse mal et que ma mère accoure, excédée, hurlant à mon père : «Mais vas-tu arrêter tes conneries ? Tu vas finir par en tuer un.»

Mon père nageait pendant des heures et s'était mis en tête de faire de moi une Esther Williams. Je devais regarder avec lui les comédies music-hall hollywoodiennes des années 1950 dans lesquelles cette ex-championne de natation jouait de la jambe. Je m'imaginais malgré moi sirène, pendant que mon père heureux, après le film, chantait à tue-tête des airs de Luis Mariano. Parfois, je me demande si «la belle de Cadix» a encore «des yeux de velours» et si je ne devrais pas apprendre à nager.

Mon père mangeait les trognons de pommes, avalait les noyaux des pruneaux, des abricots, des pêches. Il me disait que les arbres poussaient dans ses entrailles. La récolte approchait.

Mon père n'aimait pas les animaux. Dès que Misou, la chatte de ma mère, avait une portée, il mettait tous les chatons dans la toilette, malgré mes cris de terreur. Misou disparut pendant que ma mère et moi étions parties en voyage. Nous la cherchâmes à notre retour pendant des semaines dans le quartier. Je compris bien des années plus tard que mon père s'en était débarrassé. Je n'ose encore, après tant d'années, imaginer le sort qu'il lui réserva.

Mon père se promenait partout avec un grand sac de femmes, dans lequel il trimbalait tous nos biens: argent, bijoux. Parfois, il oubliait sa besace sur une banquette de restaurant ou dans les toilettes. Il faut croire qu'il aimait prendre des risques.

Mon père nous annonçait souvent, grandiloquent, qu'il ne mourrait jamais. Il est mort un été, mais j'ai encore l'idée que c'est une autre de ses comédies.

Mon père aimait le luxe, l'argent, sa mère morte, les hôtesses de l'air, Margaret Thatcher, et aussi, bien sûr, ses enfants.

PETIT PÈRE, TROIS COULEURS

MONIQUE DELAND

Artiste visuelle de formation, Monique Deland a enseigné les arts de 1978 à 1995, avant de s'orienter davantage vers la littérature. Membre du comité de rédaction de la revue de poésie *Estuaire* depuis 1999, elle anime des ateliers d'écriture pour le compte de différents organismes. Elle a publié *Géants dans l'île* (prix Émile-Nelligan 1995) aux Éditions Trois, puis *L'intuition du rivage* en 2000, et *Le nord est derrière moi*, en 2004, tous deux aux Éditions du Noroît.

Je n'y avais encore jamais pensé comme ça auparavant, mais maintenant je crois que je touche à l'exactitude. Mon père était un homme trois couleurs. Trois couleurs et deux polarités. Un homme d'étain, de plomb et de cuivre. Écorché, brûlé, sacrifié, ressuscité, peut-être.

Il était venu du centre défait de la terre en feu. Il allait de soi qu'il y retournerait. C'est le genre de truc qui est écrit dans les étoiles. Et qu'on porte malgré soi, comme une espèce de marque au front. Du genre indélébile et non négociable. Quoi qu'il en soit, entre ces deux mouvements extrêmes de l'arrivée et du retour, il eut quand même quelques rendez-vous consommés avec la beauté.

Mon père travaillait au grand œuvre. Avec le recul, c'est ce que j'en comprends aujourd'hui. Séduit par les composantes de la matière autant que par les spéculations d'ordre philosophique, il courait les mines et les galeries du sens en quête de réponses. Je le soupçonne néanmoins d'avoir plutôt trouvé à ajouter tout un lot de nouvelles questions à celles qu'il avait déjà.

Il commença par aimer la terre. Son plus récent lieu d'origine dont il avait sans doute la nostalgie. Il l'aima et l'étudia mûrement. D'abord de la croûte au sous-sol, puis de long en large, séparant les îles des continents et les isthmes des péninsules. Il répertoria les grottes, les cavernes et les volcans. Il dénombra les failles transformantes, les paliers de plateaux, les pics rocheux et les dépressions. Puis, il traça des cartes. Des dizaines et des dizaines de cartes. Grouillantes de lignes, de lettres et de signes abscons. De belles grandes cartes, toutes en couleurs et en mystère. Bien entendu, le septième jour, il se reposa.

Il arpenta des territoires immenses où la nature sauvage étendait partout son corps de gloire. Avec le plus grand respect, il prélevait des échantillons de sel, de pierres brutes, d'argiles ou de minerais, ainsi que des restes d'animaux anciens dont on pouvait dire qu'ils avaient vécu et grandi, puisqu'on pouvait compter les années de croissance sur leur coquille. Méthodique, petit père faisait le tour des genèses.

Il s'appliquait, à partir de ces morceaux du temps passé et de ces menus éclats de planète, à la reconstitution des phénomènes. Tentant d'imaginer l'intervention des forces responsables, il cherchait à pénétrer les circuits évolutifs de la matière et ses mécanismes de transformation. Il s'attardait au destin particulier de chaque groupement d'atomes ou de molécules, en les appelant par leur nom comme s'il s'était agi de l'un ou l'autre de ses enfants. Il les manipulait avec autant de soin que de dévouement. Et sa générosité faisait écho puisque, dans un même mouvement d'obligeance, l'étagement coloré des sols lui ouvrait toutes grandes les archives de la terre.

Après chacun de ses voyages, il rentrait à la maison. Chargé, éreinté, mais si beau. Quelque chose de la grandeur sauvage l'avait pénétré de part en part. J'ignorais si c'était le vent, le silence résolu des pierres ou les couleurs rougeâtres de tous ces levers de soleil auxquels il avait assisté comme à une messe, mais je le regardais désormais en lui reconnaissant la grâce et le savoir d'un grand prêtre. Il avait le teint hâlé, la barbe longue et roussie. Ses bottes étaient couvertes de limon séché et sa chemise, tachée de suie.

Rien encore ne me permettait de soupçonner les effets de l'œuvre au noir sur sa vie. Cette obscure *nigredo* dont ma petite enfance était tenue bien loin mais qui consistait, je l'appris plus tard, à noircir le métal, voire à le calciner jusqu'à en obtenir une « terre noire » qui pouvait, en passant à travers deux autres états consécutifs, devenir un or si pur qu'on le dirait semblable à un soleil terrestre. À un cadavre glorieux, émergé des enfers et revenu à la vie. Un Christ métallique, absolu et universel.

J'attendais qu'il ouvre le contenu de sa besace. Il s'asseyait par terre, face à moi, puis j'observais ses belles mains dorées remonter le cours des nœuds sur les cordons. Petit père connaissait la nature du lien qui unit toutes choses. Au plus près de la loupe, son œil attentif comparait le dessin des lignes sur les ammonites avec le profil des roches sédimentaires. Il disait que ce même examen des tracés permettait de lire l'âge des arbres, celui d'une montagne ou même celui de notre planète entière. Celui des hommes également, sur leur visage. Son savoir et sa sagesse me semblaient aussi vastes que ses territoires d'exploration dont j'ignorais tout mais qui, précisément à cause de cela, m'apparaissaient encore plus grands. Dans le petit athanor de ma tête, commençait à s'élaborer un triple alliage. Désormais, grandeur, beauté et mystère bougeraient ensemble.

Selon les expéditions, petit père rapportait différents trésors. Il avait pour moi des aimants naturels, des feuilles de mica, des cubes de pyrite, une gerbe d'amiante fibreuse, du talc blanc dans lequel je pouvais graver des motifs, des géodes d'agate bleue ou d'améthyste, une rose des sables, un fossile de trilobite, un morceau de soufre jaune provenu d'un volcan ou même parfois de l'or natif sur quartz. J'étais assise devant une incroyable collection d'objets dont je devinais la rareté et la valeur, mais rien de tout cela ne me fascinait autant que le mercure...

À l'occasion, mon père m'offrait du mercure dans un petit flacon de verre incolore qui me permettait de l'observer à loisir. Il me tendait la fiole que je portais à hauteur des yeux avec l'impression de tenir un miracle de contradictions. Le mercure était un liquide métallique. Un métal liquide. Une eau sèche qui ne mouillait pas, qui courait sur les mains et qui, sous la simple pression d'un doigt, se séparait en mille gouttelettes, brillantes comme des étoiles. J'avais six ans et un ciel de nuit complet au creux de la main. Petit père disait du mercure qu'il était l'esprit créateur du monde emprisonné dans la matière. Et qu'en arabe, le mot avait la même racine qu'un autre signifiant «ouvrir une serrure».

Mon père ne m'a pas tout dit ce qu'il savait du mercure. Qu'il était employé dans le processus de l'extraction de l'or et de l'argent. Que c'était aussi le nom d'une planète, difficile à voir de la Terre parce que trop près du Soleil. Que le mot «mercure» en grec était aussi le nom du dieu Hermès, célèbre messager céleste et conducteur des âmes des morts. Ni surtout, que le mercure correspondait vraisemblablement à la matière indifférenciée, cette fameuse *materia prima* que l'adepte du grand magistère alchimique cherche, à travers l'œuvre au noir, au blanc puis au rouge, à sublimer. Trois couleurs.

La transmutation était donc cette idée immense qui habitait le cœur de mon père. Le cœur du cœur de toutes ses questions. Et bien sûr, le nom précis de ce lien magique qui court entre les choses et dont il m'avait tant parlé. Durant toutes ces années, petit père philosophait par le feu. Il s'était tenu aux frontières de la science, de la religion et de la poésie. Il avait travaillé entre oratoire et laboratoire à découvrir la vocation sacrée de toute matérialité. Je le voyais en clair maintenant : c'était mon tour de remonter le cours des nœuds. Et d'ouvrir moi-même une serrure. En proposant à l'homme de transmuter la matière pour triompher de la mort, l'alchimie s'apparentait à l'art et à la poésie.

Mon père connaissait les circuits obligés de la matière. C'était sa marque, son étoile au front. Il avait épousé une femme aux cheveux noir corbeau, couleur de la *nigredo*, qui devait lui donner un enfant blond comme lui-même, avant de le pousser dans les enfers de feu nécessaires à sa résurrection. Petit père est mort à minuit, un soir de juillet, alors que Mercure était visible à l'œil nu. Trismégiste, trois fois grand, il m'a légué sa patience, son amour des pierres et trois têtes de dragon que j'essaie d'amadouer à travers les mots de mes poèmes.

On dit que le phénix aurait disposé des herbes odorantes sur l'autel, qu'il les aurait embrasées et s'y serait lui-même réduit en cendres pour renaître trois jours plus tard. Voilà un quart de siècle que j'attends la renaissance du phénix. Symbole de la destruction et de la recomposition du mercure appelé à devenir pierre philosophale. Pierre de sagesse. Pierre entre les pierres, splendeur d'entre les splendeurs. Un quart de siècle que je scande les mots des poèmes, à pister la trace de cet admirable visage de l'or. Une éternité complète que j'arpente les siècles et les galeries du sens, en vue du cadavre glorieux de mon petit père fait or. L'immortalité. L'immortalité radieuse, sous les mots.

MON PAPA À MOI

LOUISE BOMBARDIER

Mon papa à moi, c'est Tino Rossi, mon papa à moi, c'est Le Capitaine Bonhomme, mon papa à moi, c'est aussi Serge Reggiani, celui de (*chanté à pleine voix avec force gestes théâtraux, ses deux yeux noirs plantés dans les nôtres, témoins captifs*) : «Il ne suffirait de pressse de rien, de de de peut-être dix années de moins pour que je te dise je t'aïme, que je te praïne par la maïn, que je t'emmaïne à Saint-Germaïn, prendre un dernier café craïme, vraiment de quoi aurions-nous l'aïr, j'entends déjà les commentaïres, elle est (*apnée*) jolie, elle au printemps (*temps interminable*) lui en hiver (*trou de mémoire*)... C'est comme un cloown qui ferait son dernier tour de pisse!»

Et puis mon papa à moi, il est né en 1929, sur une terre de roches, d'un père nain, *bootlegger*, violent et alcoolique, et d'une mère prénommée Aurore, comme si le prénom avait été créé pour elle. Prisonnière du tyran, géante efflanquée, cernée, aux jambes tapissées de varices saillantes.

Douze enfants à demi idiots, et mon papa qui chante déjà la pomme à son cheval.

Originaire de l'Estrie, Louise Bombardier y fait ses premières armes comme comédienne en 1969. Elle travaille, comme auteure et comédienne, avec plusieurs compagnies, dont le Théâtre du Sang Neuf et le Théâtre Petit à Petit, en plus de le faire pour la télé et le cinéma. Depuis 1988, elle partage son temps entre l'écriture et le théâtre, surtout de création, et écrit pour la radio et la chanson. En 2005 paraît un recueil de nouvelles, *Flambant noir* (Lanctôt), et on crée deux de ses pièces : *Ma mère chien* au Théâtre d'Aujourd'hui et, pour le Théâtre de l'Œil, *La cité des loups*, à la Maison Théâtre (Lanctôt, 2005).

Il s'endormait sur son pupitre, en deuxième année, et n'est jamais retourné après une bonne claque derrière la nuque, où il s'est brisé les dents du devant.

Il récurait l'étable avec son petit frère de 5 ans, surnommé *Papapintou*, parce que lorsque leur père revenait fin soûl en tracteur, la nuit venue, il tombait dans les ornières et «Papa est pris dans le trou — Papapintou!» criait le petit frère. Il fallait donc aller le déloger, ce père terrifiant et son tracteur incliné.

Le petit frère nettoyait derrière le cheval et il s'est mis à jouer avec sa fourche... Le cheval lui a rué dans le ventre. L'enfant est mort la nuit même, d'une perforation des intestins. Mon papa, 9 ans, mais déjà responsable, a veillé son frérot. Il ne l'a pas dit tout de suite à sa mère, de peur de se faire chicaner. L'enfant avait mal au ventre, la mère lui a dit d'arrêter de se plaindre. Mon papa de 9 ans, tout chaviré, a vu mourir son petit frère sous ses yeux, le père n'était pas rentré et la ville, c'était si loin.

Il avait la main lourde avec la hache, elle s'abattait sur la famille à la moindre occasion. Il a finalement joué sa ferme au poker, et l'a perdue.

En ville, mon papa livrait des commandes d'épicerie. Plus d'école, la rue, quartier pauvre, petits délinquants de *poolroom*, comme il disait. Il adorait le *pool*, y excellait même. Ils montaient en bandes à Montréal, en *suit* de matelot, faire les clubs de billard, les danseuses, les bars clandestins.

Mon papa, grand, bien bâti, chevelure ondulée, charme olympien, des allures de seigneur italien qui voilaient son analphabétisme. Son charme opérait sur tous. Il allait venger sa mère humiliée et développer cette élégance «d'avocat manqué» comme elle le lui répétait, ce qui avait l'heur de lui plaire au lieu d'en être humilié: «Je peux parler de droit avec les avocats, de politique avec les hommes politiques, de philôsophie avec les philôsophes. » Il n'avait cesse de nous répéter : « Un professeur d'université m'a demandé cet après-midi dans quelle faculté j'enseignais. » Et je rétorquais, avec mon cynisme d'adolescente : « Ça doit, oui ! »

Il se mettait à « perler savant », mais il ne pouvait abuser personne, sauf lui-même et des êtres encore plus naïfs que lui.

Il s'enregistrait puis réécoutait sa voix durant des heures sur un mauvais petit magnétophone, enfermé dans la chambre conjugale, des discours enflammés où il s'adressait à « ses frères humains ». Il parlait de chutes et d'épreuves, et qu'il fallait apprendre à se relever, une langue fleurie de *preacher* aux pensées édifiantes. Ce naïf et ses aspirations ronflantes faisaient enrager ma mère. Il plagiait sans vergogne le style et la pensée des autres, mais son analphabétisme lui faisait mal copier ses sources, ce qui déclenchait mes rires.

Mais il réussissait à donner le change ailleurs. Il s'est entouré toute sa vie d'éclopés qu'il pouvait impressionner et couver de sa bienveillance de mieux doté.

Plus tard, grâce à son penchant pour le spectacle, le théâtre et sa fameuse élégance, il réussit à décrocher un poste de responsable d'étage dans une usine de textiles. En parallèle, son fameux charisme l'entraîne vers le théâtre, dans le sous-sol de l'église Christ-Roi, à Sherbrooke. Il joue et met en scène *Aurore l'enfant martyre,* qui connaît beaucoup de succès. Il écrit même une pièce en rimes dans laquelle il interprète le rôle principal, un pauvre paralytique : « Moi aussi, pauvre paralytique immobilisé, j'ai un cœur qui veut aimer ! »

Le fils du petit tyran édenté et grossier allait, toute sa vie, travailler à s'éloigner du modèle original. Il plaisait aux femmes, mais se réservait. Le piètre modèle de *courailleux* aux nombreux bâtards que lui inspirait son père lui a fait renoncer à jamais à se montrer déplacé avec les femmes. Il les aimait, mais avait un compte à régler avec les hommes, ses rivaux.

Mon papa a dû renoncer à ses velléités d'artiste, son père l'ayant ridiculisé. Et surtout la peur atavique de la pauvreté lui interdit d'écouter cet instinct, et il retourne vite à l'usine.

Il y rencontre ma mère, une des petites «weaveuses» qui travaillait sous ses ordres. Ils se plaisent. Deux aspirants à l'élévation. Puis advient un incident: un «bloke», superintendant, invite ma mère. Il y a viol sans doute. Elle revient un soir, échevelée et à moitié folle, refusant de parler. Mon père sait tout de suite ce qui s'est passé. Il n'a réussi qu'à toiser l'individu sans jamais oser intervenir. Ma mère n'a plus jamais été la même.

Mon père a voulu la quitter avant le mariage. Elle a fait une dépression, a parlé de suicide. Mon père s'est adressé à son curé. Il lui a dit de ne pas se laisser tenter par le démon et d'épouser ma mère. Cette triste histoire d'amour avait bien mal commencé.

D'abord ils se sont installés au dernier étage de la maison des parents de mon père. Mon papa est alors devenu camionneur sur de longues distances. Il parcourait la province avec son poids lourd, rempli de «bonbons chocolats chips» qu'il distribuait aux quatre coins de la province, dans les régions les plus éloignées. Ma mère pleurait des torrents et déprimait, seule chez les Ennemis, ces «Bougon» avant l'heure.

Enceinte deux fois, elle les a perdus. Puis la troisième fois, je suis venue au monde, ce qui explique pourquoi c'est moi plutôt que mon petit frère mort qui vous raconte toute cette histoire.

Ensuite mon papa s'est trouvé un emploi de concierge à la maison mère d'une communauté religieuse prospère. Nous sommes en 1953. Un véritable domaine avec jardins immenses, serres, cimetière, boulangerie, cordonnerie, porcherie, atelier de menuiserie, un village autonome, entouré de hautes clôtures.

Papa-sciure, toujours ce parfum de sciure de bois accompagne les plus anciens souvenirs rattachés à mon père dans sa «boutique» avec «ses hommes», montagnes de copeaux de bois, marteaux et bancs de scie, et moi qui arrache des clous d'un bout de planche, sous son regard bienveillant. Ou je me souviens que l'hiver, en pleine tempête, «on allait ouvrir les chemins» du domaine, assise à ses côtés dans la Jeep. Une fois, quand la pelle a percuté une grosse roche, j'ai même étoilé le pare-brise avec mon front! Blessure de guerre, fière de n'avoir pas pleuré. Toujours ce parfum d'aventure en sa présence.

Mon père y a travaillé toute sa vie, dans ce couvent. Quarante ans de loyaux services. Il trônait sur cette communauté de femmes, il en était l'étalon, il n'aurait pas pu rêver mieux que de devenir indispensable à ces 900 femmes sans hommes. Il était adulé. Chef d'équipe, il embauchait tous les indigents. Puis quelques Européens s'y sont joints, ceux-là imposés par les religieuses, à cause de leur «classe naturelle». Mon père les prend en grippe, ces Français «Jos Connaissant» et son «Italien» qui mangeait de l'ail cru, «fainéant comme un Italien». «Mais que veux-tu, les sœurs aiment les accents! Tout ce qui vient de l'Europe, elles sont à genoux!» Papa jaloux, trop de coqs dans la basse-cour et ma mère qui trouvait les Français... bien de son goût!

Nous, les trois enfants, avons vécu cette enfance aux allures médiévales, déchirés entre le climat de tension extrême du couple formé par mes parents, et ce paradis en forme de village où nous étions les enfants-rois. Toutes les activités de cette ruche nous semblaient dirigées par notre père, d'autant plus que les folies poétiques étaient perpétuelles hors de la maison familiale.

Mon papa, ce magicien, ce « manuel », toujours drôle, toujours généreux, entouré d'amis, d'employés, d'activités sans cesse renouvelées, boucher, jardinier, fossoyeur, menuisier, électricien, plombier. Mon papa à moi, c'était l'aventure, la vie avec ce grand enfant charmant et charmeur était une éternelle surprise !

Ce petit ange fabriqué à partir d'un rouleau de papier toilette avec ses deux ailes de tulle et sa tête aux yeux en « brillants », mon seul souvenir de cadeau jouet de Noël me vient de mon père. J'ai couché avec ce petit ange durant des mois.

Mais à la maison, il rentrait sombre, colérique et… le moins souvent possible. Et ma mère, toujours en larmes ou en colère, son hystérie de propreté, sa folie de mal-aimée, et leurs querelles envenimées. Des envies de devenir mon père et homme, pour aller travailler loin de la maison et du mauvais sort des mal-aimées domestiques.

Quand j'ai eu 13 ans, nous avons quitté la maison de la communauté pour un bungalow en banlieue de la ville. À cette époque, ma mère a entamé des démarches de divorce et l'a obtenu 3 ans plus tard.

Alors a commencé pour mon père une errance, seul avec son jeune fils, d'un bungalow appartenant aux religieuses à un autre, jusqu'à ce qu'il rencontre une ancienne sœur et qu'ils s'épousent. Mon papa connaît l'amour réciproque, vit enfin sa jeunesse à 50 ans. Sa nouvelle femme, ancienne travailleuse sociale, lui apprend à lire et à écrire.

Il continue toujours de travailler chez ces fameuses sœurs qui ont été les vraies amours de mon père, jusqu'à 6 mois avant sa retraite, à 64 ans. Juste avant Noël, mon père est convoqué par un redresseur de compagnie qui lui annonce, austère, qu'il a été engagé pour rationaliser la communauté, ce qui veut dire congédier mon père, après 40 ans de loyaux services, sans pension ni rien, les sœurs n'ayant jamais voulu se préoccuper de sa retraite. Ce sont des années sombres et pauvres pour mon papa. Il s'enfonce dans une grave dépression. Il ne s'en est jamais remis complètement. Les sœurs ont joué les innocentes, et, lâches, ne lui ont fait l'aumône que d'une ridicule petite compensation d'adieu.

Trahison des proches, il avait cru toute sa vie qu'elles étaient sa nouvelle famille, mais non, double abandon. Cruauté du sort à répétition.

Puis, un cancer se déclare. Il finit par le vaincre après deux ans d'angoisses et de rechutes, et de pensées autoguérissantes à la mode Nouvel Âge.

Papa clown a maintenant 76 ans. Il fait du bénévolat, est champion de quilles et de pétanque. Il a coupé avec son passé. Montréal lui fait peur. Il s'y perd chaque fois, mais il vieillit bien, doucement, tendre, doué pour la vie, malgré les blessures. Il chante toujours, joue des bongos pour se défouler, il s'enregistre, compose des chansons naïves, sur fond de percussions. Des textes qui ressemblent presque toujours à: «L'amour l'amour, l'amour toujours, toujours l'amour.» Et il m'écrit maintenant à l'ordinateur:

«Cher Louise comme leau dun ruisseau qui coule ne tarrête jaimais dans les détours elle poursuit son chemin a traver les obstcles elle ralentir sa course. Elle finira toujour par rejoindre la rivière comme elle tu peux trouver la voie quite mene a la source de te rèuste. Quand cest difficile. Nelache surtout pas. Car le succés viendra combler tes effors.

Bonne nuit frenand qui tainexxxxxxxxxxxxxxxxxxxxxxx.»

C'est mon papa à moi.

TOAST À LA CUISINIÈRE

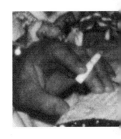

DANIELLE DUBÉ

Née près de Métis-sur-Mer, Danielle Dubé réside au Saguenay, et a voyagé, et navigué entre le journalisme et l'enseignement. Prix Robert-Cliche 1984, son roman *Les olives noires* a été repris dans la collection « Typo » en 2004. Elle écrit des romans dont l'action se déroule ici ou ailleurs. *Le Carnet de Léo* paraît chez XYZ Éditeur en 2002. En collaboration avec Yvon Paré, elle y a également publié deux récits de voyage, *Un été en Provence* en 1999 et *Le tour du lac en 21 jours* en 2005.

C'était l'été. Je leur avais donné rendez-vous à notre maison de la rivière Ashuapmushuan. Le lieu d'origine de mon nouvel amoureux. Chacun avait quitté sa ville pour nous rejoindre. Longé le fleuve, le Saguenay et le lac Saint-Jean. Tante Laure et son André qui rêvait de pêches miraculeuses et de petites truites de rivières. Mes parents qui, habituellement à cette période de l'année, remontaient plutôt l'autre rive du Saint-Laurent. Ils sont arrivés, les uns derrière les autres, dans leurs voitures américaines. Comme dans un cortège. Il y avait aussi deux de mes frères et leurs compagnes. Des retrouvailles pour une famille éparpillée. Une promesse de journées ensoleillées, de baignades aux abords des chutes et de feux de camp sous les aurores boréales.

Des bises et des rires sur la grande galerie étincelante. Les taquineries d'André : « C'est un costaud, ton chum ! Un vrai de vrai gars ! » L'œil moqueur de mon père Léo. La voix chantante de tante Laure. Les accolades un peu gauches de mes frères. Les sourires tranquilles de ma mère Cécile et de mes belles-sœurs. Tous contents d'être là après une si longue course pour tout saisir du paysage à la hauteur de Québec, de Charlevoix. Et des baleines de Tadoussac et de la beauté maritime du grand lac bleu... Tous contents de se revoir après une si longue séparation. Jusqu'à quel point à force d'éloignement ne devenons-nous pas des étrangers? Des étrangers familiers étonnés de se retrouver dans une maison, un jardin. Le verger aux pommiers roses de notre enfance. La maison jaune de Métis, depuis longtemps disparue.

Les bagages étaient rentrés. Léo s'attardait au jardin, arpentait les allées du potager de son pas d'échassier pendant que nous vaquions aux préparatifs du repas, un verre de Sauternes frais et délicat à la main. Notre ami voisin nous avait fait cadeau d'une somptueuse ouananiche. Chaque été, ce saumon d'eau douce, qui n'a d'équivalent que le saumon des rivières Matane et Métis, remonte les cours d'eau pour frayer jusqu'à l'Ashuapmushuan, sa rivière d'origine. Une espèce rare, quasi mythique, que l'on protège et qui possède ses propres sanctuaires. Un cadeau cueilli dans le lac, un matin de brume, à proximité de Roberval.

Cette beauté grise et lisse pailletée d'écailles à chair feuilletée rose reposait sur le comptoir, dans une grande assiette de métal ovale. Tous s'étaient extasiés devant la magnifique prise de plus de douze livres que je choisis d'offrir entière, garnie d'herbes fraîches, enrobée d'huile d'olive et grillée au four. Une odeur capiteuse légèrement citronnée embaumait la cuisine lorsque Léo revint de sa promenade avec une pyramide de petits fruits à grains rubis dans la main, et un léger parfum acidulé. « My man! » s'exclama André qui se mit à tourner autour de lui en serinant la célèbre chanson de Sinatra, piquant à l'occasion une framboise mûre et charnue. « My man! My man!» plaisanta Laure. «Mon p'tit garçon, si tu me remplis ce plat, on se fabrique une de ces cipailles comme maman nous faisait.» Mes frères et belles-sœurs esquissèrent quelques pas de danse tout en mettant la table, préparant les laitues, haricots, courgettes et piments rouges. Mon amoureux ouvrit une autre bouteille. Cécile souriait en essuyant de l'index une goutte de jus sur la joue de son homme. Léo aussi souriait. Tel un roi en chemise safari, il s'installa confortablement dans le fauteuil d'osier. Le soleil entrait par les fenêtres dans une abondance d'ors et de rouge orangé. Dans le hamac, sur la galerie, mon frère Herman se balançait dans cette abondance lumineuse, les yeux mi-clos. Sa coupe de vin vide sur les planches de bois blanc. La maison baignait dans une aura de bonheur et de recommencement.

À l'appel, ils se sont attablés. Cécile, à une extrémité. Léo, à l'autre. Un toast à leur anniversaire de mariage! Trente-cinq ans, déjà. C'était à proximité du fleuve, dans un hôtel de bord de mer. Les verres s'entrechoquent. Les grands enfants réclament la bise. Léo sait faire les choses. Lentement, il se lève, le cavalier d'un autre âge, s'approche de sa dulcinée, mi-solennel, mi-narquois. Elle se lève aussi, lui tend sa bouche. Leurs baisers sous les applaudissements. «Encore!» réclame André. «Encore!» reprennent les autres.

Changement d'assiettes, changement de service. J'apporte le poisson. Sa peau bien dorée, sa tête oblongue. Son fumet, un mélange d'huile balsamique et de chair grillée. Une offrande au milieu de la table dans la grande assiette ovale... Un léger filet d'huile s'échappe du ventre ouvert, quelques branches de fenouil vert comme des algues. Papa repousse sa chaise, quitte la table. «Moi, je mangerai pas ça!» Le silence autour de la table. La voix hésitante d'une de mes belles-sœurs. «Un toast à la cuisinière!» Je regarde mon compagnon, me lève et disparais dans la salle de bain.

Je me sens stupide, moins que rien. Mes yeux défaits dans la glace. Je m'asperge le visage, ne peux arrêter ce flot qui m'aveugle. J'entre sous la douche, nue et honteuse dans mon aquarium, ne me comprends plus. Pleure autant que la pomme de douche derrière le rideau transparent à motifs de poissons colorés. Une odeur de ouananiche crue et d'eaux salées. Je plonge dans la mer, au fond de mes abysses, comme si je remontais le courant. Une simple enfance de petite fille, un simple reproche, son regard d'homme fâché. Avais-je voulu le défier, lui résister? Un torrent s'abat sur ma tête, un jet d'eau trop froid dans le dos. J'échappe un cri, actionne la manette. Un jet trop chaud sur le ventre. Je me ressaisis. «Arrête! T'es folle!» Je ferme le robinet. Toutes mes eaux s'écoulent dans le vacuum avec un tas de petits poissons morts. Je me laisse tomber, glisse dans le trou, me retiens avant l'engloutissement. Je me trouve ridicule! Ridicule! Pas un bruit. On dirait qu'ils sont disparus. La voix de mon amoureux au travers de la porte. «Ça va?» Puis plus rien. «Ça va pas?» Et je m'essuie le plus longtemps possible en essayant de ravaler mes sanglots. Comment effacer tout ce rouge autour des yeux? Cette tête de homard défaite, d'anémone anéantie. Je me rhabille. Un peu de crème, un peu de khôl, et je sors de l'aquarium.

Ils étaient tous là à me fixer, inertes et bouche bée telles des carpes. Mon père achevait d'ingurgiter son plat noyé dans une béchamel. Un truc onctueux de ma mère pour mieux faire passer le poisson. De la morue en sauce au filet de sole à la crème. Son homme ne tolère pas le cru ou ce qui en a l'apparence. Les choses doivent être cuites, bien cuites. Et surtout ne pas ressembler à la bête. J'aurais dû y penser, faire comme ma mère... Surtout pas! Et tante Laure de me questionner. «As-tu le goût de manger, ma chouette?» Et j'ai fait comme si rien ne s'était passé, enfilé une grande gorgée de vin et vidé mon assiette. «Santé! À la santé de toute la famille.» Mon père s'est retiré pour fumer une cigarette. Rituel incontournable.

«T'en fais pas! C'était délicieux.» a dit un de mes frères. «On peut pas changer son père», a dit ma mère. Chacun sa version. Quand Léo était petit, il avait aperçu un poisson sur le comptoir de la cuisine, le jour de la mort de sa mère. Quand Léo était petit, il n'aimait pas le hareng fumé ni les sardines grillées du vendredi soir. Un jour, il s'était offusqué parce que la dame des jardins Reford offrait à ses voisins dociles des saumons de la rivière Métis. Seulement à ceux-là. Il s'était senti humilié. Comme son père.

C'est alors que Léo fit son entrée et lança d'un air désinvolte: «De toute façon, tout ce que vous dites c'est des menteries!» On s'est tus. On est tous rentrés dans nos carapaces. Pendant ce temps, la longue ouananiche, du moins ce qui en restait, nous fixait de ses yeux blancs et ronds. «Un toast à la cuisinière!» a répliqué Cécile en fixant son homme. «Un toast à la cuisinière!» ont repris les autres en chœur. Léo a hésité, puis levé son verre. Et on a tous éclaté de rire.

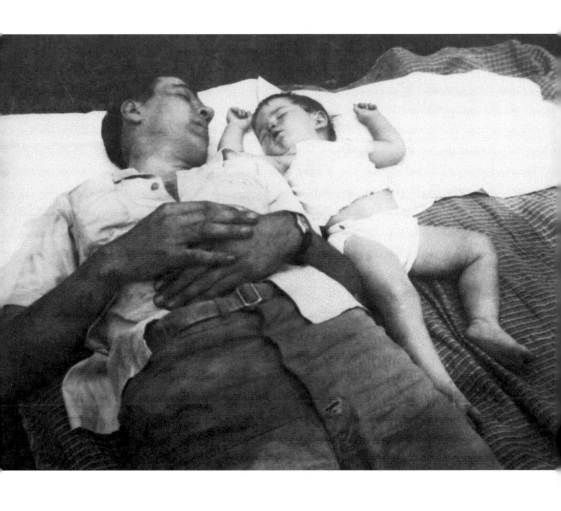

LE FACTEUR D'ORGUES

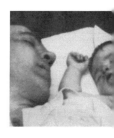

FRANCINE CHICOINE

Depuis 1994, Francine Chicoine se consacre à l'écriture et à la promotion de la littérature. Elle a six livres à son actif, le dernier étant *Carnets du minuscule* (Éditions David, Ottawa, 2005). Elle a aussi dirigé divers ouvrages collectifs et a participé à plusieurs recueils et revues spécialisées. En 2001, elle recevait le Mérite culturel nord-côtier en reconnaissance de sa contribution exceptionnelle au domaine des arts et de la culture sur la Côte-Nord.

Je le revois, assis à la table, alors que nous sommes réunis dans la maison familiale. Il regarde ses doigts, joint ses mains, les décroise, puis se redresse, dignement, dodeline légèrement du corps, tambourine sur la table de sa main gauche, et de la droite, alternativement, des mouvements qui se répètent, qui se répondent, qui se complètent, qui s'entremêlent, un rythme saccadé à travers lequel on ne sait s'il faut comprendre l'impatience, l'ennui, ou la création musicale.

Il est là, suspendu aux conversations, faisant semblant de s'y intéresser; il tourne la tête vers la personne qui parle, tente de saisir des bribes de phrases, tout attentif à conserver le fil à travers ces mots qui se bousculent et marchent les uns sur les autres, des mots si pressés que, dans sa tête au ralenti, il ne parvient pas toujours à les comprendre. Un grand corps silencieux dont toute l'énergie est consacrée à l'écoute. Une pièce d'homme devenu douceur, devenu silence. Et qui n'en finit plus d'essayer de retenir tous les morceaux de vie qui lui échappent.

Mon père a des trous dans sa mémoire. C'est comme un grand vide qui s'installe dans la tête, qui engloutit les paroles, qui efface l'empreinte des pas, qui s'étend peu à peu sur les souvenirs jusqu'à les recouvrir tout à fait. Un trou noir qui absorbe la vie. Il existe des mots dont on a terriblement peur. De ces mots qui désignent des maladies déjà installées, des maladies qui, à la longue, vous grugent et vous asservissent. Comme une destruction annoncée, comme une mort qui serait déjà en marche. Un passage terrifiant : on en connaît l'issue, mais on en ignore la durée. Il ne faut prononcer aucun de ces mots susceptibles d'attirer le malheur. Il faut les taire, aller même jusqu'à en camoufler les manifestations. Lors d'une conversation où je questionne mon père sur sa récente hospitalisation, lui qui a toujours eu tendance à signaler ses moindres malaises ou petits bobos, voilà qu'il impose une nouvelle façon de voir les choses : désormais, il ne sera plus question de maladie. Je le sens agressif, sans compromis. Terrain dangereux. Zone imprévisible. Sujet tabou. On ne parle pas de problème de santé mentale. Le monde est une terrible Gestapo qui peut facilement vous repérer et vous faire enfermer à jamais.

Ma mère a développé l'habitude de masquer les réalités inquiétantes. Papa range son marteau dans le réfrigérateur, il met de l'onguent sur sa brosse à dents, il enfile des bas dépareillés, il met ses souliers à l'envers. «Ce ne sont que des distractions, précise-t-elle, ça peut arriver à n'importe qui.» Il ne sait plus changer une ampoule, un robinet qui coule devient un problème insoluble, il est incapable de démarrer la tondeuse, mais c'est sans importance, leur fils s'en occupera. Il ne comprend plus les factures qu'il reçoit, il panique à l'idée de faire un chèque, mais ce ne sont que des détails dont leur fille peut facilement se charger. «On se débrouille bien, dit maman, votre père m'aide dans la maison, il essuie la vaisselle, il sort les poubelles.» Oui, tout est vraiment parfait. Qui pourrait demander mieux?

Mon père est haut et fier. Il est de cette race d'hommes qui n'ont connu ni la tendresse du geste ni le moelleux de la parole; de cette race d'hommes élevés avec la tête plutôt qu'avec le cœur, et pour qui l'honneur réside avant tout dans le sens du devoir et des responsabilités. Un homme intègre et fidèle, qui a toujours respecté ses engagements, un homme libre, qui ne doit rien à personne; qui n'a jamais été riche, mais qui a toujours subvenu aux besoins matériels de sa famille. Il est maintenant soucieux. Son âme s'absente un peu. On dirait qu'il se dessèche, debout, comme un vieil arbre honteux de perdre sa cime.

Avec docilité, il calque son pas sur le pas de sa femme, attend qu'elle lui donne la main pour sortir de la maison, pour traverser la rue. Il ajuste son cœur au rythme du sien, compte sur sa mémoire, se fie sur sa parole. Papa avance dans l'ombre de maman, ne la quitte plus, surveille ses moindres réactions, la cherche des yeux dès qu'elle s'éloigne, s'immobilise en l'attendant. Comment expliquer ce passage de l'indépendance à la symbiose, comment en parler sans trop de douleur? L'immense absence de mon père prend la place de ce que fut jadis son imposante présence. Il était autonome, le voilà soumis; il était souverain, le voilà subordonné.

Il y a des moments où il se doute de certaines choses. Durant ses périodes de lucidité, il se souvient de ce que le médecin lui a appris, il sait qu'il a été brusque avec les infirmières, qu'on a dû l'attacher parce qu'il tentait de s'enfuir. Il sait que, chaque jour, il doit prendre des médicaments très coûteux pour empêcher — comme il dit — l'Alzheimer. Il confesse: «Je pense que j'ai fait le fou.» Ou encore: «Je ne sais pas ce qui s'est passé, mais je crois que j'ai fait une gaffe.»

Je me rappelle mon avant-dernière visite auprès de lui. Il est définitivement hospitalisé, dans une sorte de département fourre-tout. On l'a attaché à une chaise roulante, près du poste de garde; on lui a mis une couche. Une jeune préposée passe près de lui, le tutoie, l'appelle «mon chaton». Il n'apprécie pas, c'est évident. C'est ainsi qu'il appelait ma mère, il y a très longtemps. Il m'a reconnue, bien qu'il ne puisse me nommer. Il est inquiet, essaie de me dire quelque chose, bafouille, cherche des mots qui refusent de sortir. Puis, il réussit à en prononcer un: «Pourquoi?» Un mot qu'il répète, sans parvenir à l'accrocher à d'autres pour expliquer sa pensée. Il ferme les yeux, se frappe la tête avec le poing, impuissant, s'arrête un peu, recommence: «Pourquoi? Pourquoi? Veux-tu me dire pourquoi?» Et, après des instants qui me paraissent une éternité, ces paroles: «Pourquoi je ne meurs pas?» Il laisse tomber les bras, de grands bras ballants et maigres au bout de ses épaules décharnées, et me regarde, intensément, désespérément. Je ne me souviens plus si je lui ai répondu. J'ai un trou dans la mémoire. Son regard mouillé, et le mien qui l'était tout autant. Non, je ne crois pas avoir répondu. Il était là, vaincu, emprisonné dans ce corps à l'abandon. J'ai su alors que l'humiliation avait des limites.

Aujourd'hui, dans la cour arrière, les oiseaux offrent un grand concert. Un tel gazouillis qu'on dirait qu'ils se sont tous donné rendez-vous: parulines, chardonnerets, hirondelles, merles et tourterelles, bruants et roselins, jaseurs des cèdres, gros-becs errants. Les mangeoires sont envahies. Certaines d'entre elles, c'est mon père qui les a fabriquées. En bois de merisier. Mon père aimait tant se retrouver dans son atelier de bricolage. C'était son coin d'homme, son refuge, son lieu sacré. Il m'avait aussi construit un nichoir, avec une ouverture qu'il avait découpée trop grande ; les hirondelles ne l'ont jamais utilisé, elles ont préféré celui du voisin. Les chaises et la petite table de parterre, c'est également lui qui les a confectionnées ; elles tombent en ruine, mais je suis incapable de m'en séparer.

Lorsque nous avons vidé la maison familiale, j'ai trouvé d'autres bouts de souvenirs dans son atelier : de petites pièces de métal, sans doute utilisées autrefois dans la fabrication des orgues — mon père était facteur d'orgues. Je m'en sers comme butoirs pour les portes de mon bureau, des portes que je laisse toujours grandes ouvertes. Pour que le soleil puisse entrer, pour que l'air et la lumière et l'énergie et la musique et les idées et les mots circulent. Pour la mémoire.

LE MOMENT JUSTE AVANT...

MICHÈLE MAGNY

Née à Montréal, Michèle Magny est diplômée de l'École nationale de théâtre du Canada, promotion 1969. Elle a joué sur la plupart des scènes de Montréal et a fait de nombreuses tournées au Québec et à l'étranger dans des pièces de répertoire et de création. Elle a également signé de nombreuses mises en scène. Membre du Centre des auteurs dramatiques (CEAD), elle termine l'écriture de sa troisième pièce de théâtre, après *Marina, le dernier rose aux joues* et *Un carré de ciel*, créées respectivement en 1993 et 2004 au Théâtre d'Aujourd'hui. Elle enseigne présentement à l'École nationale de théâtre du Canada.

Il est mort seul mon père.

Est-ce qu'on ne meurt pas toujours seul
finalement,
     au bout de son rouleau, en fin de compte,
     à la longue, à la fin, à l'usure?

Même si l'esprit est toujours du côté de la vie,
même si les sens sont encore sensibles à la caresse
d'une main sur le front, ou par le murmure de sons
familiers chuchotés à l'oreille déjà tendue vers
l'éternité,
on est seul, oui, finalement.
C'est la condition humaine.
Mon père n'a eu droit à aucune consolation,
des mains absentes, un silence effrayant,
cette nuit-là, ce jour-là, à ce moment-là.

  À quoi pensait-il juste avant... il y a trente ans?

Quelques-uns en ont parlé, du moment juste avant,
ceux qui en sont revenus, les initiés de la mort,
qui ne sont pas si nombreux, il faut bien le dire,
il vaut mieux ne pas en revenir, oui,
comment vivre cela deux fois?

Les poètes l'ont chanté,
les acteurs l'ont mimé au théâtre, au cinéma,
    ce moment juste avant,
en fait, ce sont les acteurs qui en ont le plus parlé,
plus que les revenants qui ne sont pas si nombreux
après tout et qui sont plus discrets que les acteurs,
mais, pour les acteurs, c'est un moment toujours
traumatisant à jouer, il y en a même qui refusent de
jouer l'agonie parce qu'ils savent qu'ils n'échapperont
pas eux non plus à leur destin.
Seront-ils consolés ce jour-là?
Comment savoir?
Mon père non plus ne savait pas.
Le réel et l'imaginaire se confondent.
Une chose cependant est entendue,
depuis la nuit des temps, on meurt seul.

Ce soir-là, ce jour-là, à ce moment-là,
le 9 septembre 1976, jour de la mort de Mao,
il était seul, épouvantablement seul avec ses peurs,
exposé à ses démons dans son lit de fer au milieu de
sa petite chambre, comme une barque de tôle au
milieu de la tempête, mon père à bout de souffle
qui portait le prénom d'un fameux amiral anglais,
a rendu l'âme.

On ne sait pas si la date de son décès est exacte, mais pour Mao, elle l'est, on ne se pose pas de question, il est bien mort le 9 septembre 1976 jusqu'à la fin des temps et pour toujours; mais pour mon père, le certificat de décès et celui du coroner ne coïncident pas et jusqu'à la fin des temps et pour toujours, on ne saura jamais vraiment si mon père est mort le 9, le 10 ou le 11 septembre, alors, pour éviter de rester dans le flou, il a été entendu dans la famille que le jour de la mort de Mao serait la date officielle du jour de sa mort, c'était plus simple à retenir que d'en retenir trois. Nous sommes donc des millions d'humains ce jour-là à avoir une pensée pour la mort d'un père.

Silence.

Seul dans une chambre anonyme de Montréal, de l'autre côté du chemin de fer qui sépare le Nord du Sud, au carrefour des réseaux ferroviaires qui mènent à l'Est ou à l'Ouest, dans ce quartier pour les déracinés du monde qui rêvent tous un jour de s'en sortir, mon père savait, lui, que cette chambre serait sa dernière demeure.

D'où vient ce froid qui engourdit les membres,
qui ralentit la pensée?
Les courants d'air froid viennent des portes
entrebâillées qu'il aperçoit, au loin, dans le brouillard
de ses pensées,
même au seuil de la mort, il reste encore des portes à
ouvrir, comme dans la vie,
c'est rassurant pour mon porteur de rêves de père,
de compter les portes qu'il lui reste à ouvrir,
comme dans la vie,
c'est quelque chose de familier chez lui que d'essayer

d'ouvrir des portes,
un conquérant, mon père revenu de guerre, avec une
cicatrice à l'épaule dont nous étions si fiers,
il a tant de choses à dire à ces gens derrière
les portes closes,
tant de rêves à partager avec eux :
Regardez ce que j'ai à offrir dans ma valise,
tant de chimères à échafauder avec vous,
voyez-vous,
tant de promesses ici dans ma valise enchantée,
vous n'avez qu'à signer,
je ne peux pas me reposer,
je ne peux pas,
j'ai trop de luttes encore à mener,
trop de clients à persuader,
de contrats à signer,
de projets à échafauder,
et ma femme,
ma femme, aux yeux couleur de la mer, à aimer,
jusqu'à la fin des temps,
ouvrez toutes grandes les portes,
toc et retoc,
ouvrez, laissez-moi entrer... *batèche.*
Noir.

Il était étendu sur le lit de fer en plein milieu de la pièce, avec sa petite valise brune à côté du lit, mon frère cadet me l'a dit, venu pour l'identifier, appelé par la police qui venait de découvrir le corps.

C'était bien normal qu'elle soit là, sa petite valise aux coins écornés, la plus petite de toutes les valises qu'il a possédées dans sa vie, il en a eu tant de ces valises qui empêchaient les garde-robes de fermer au grand désespoir de ma mère aux yeux bleus d'azur, surtout l'hiver, ça ne faisait pas très propre, avec les manteaux et les bottes d'hiver des enfants qui s'entassaient pêle-mêle dans la garde-robe qui ne fermait pas. Mais sans ces valises gagne-pain qui voyageaient partout, il n'y aurait pas eu de manteaux accrochés sur les cintres, ni de bottes chaudes pour les enfants, ni de mitaines, alors ma mère aux yeux bleus de pervenche acceptait que la porte de la garde-robe reste à moitié ouverte dans le corridor et quand il y avait des invités à la maison, on cachait nos manteaux sous nos lits pour laisser la place aux manteaux des invités dans la garde-robe.

Mon père voyait grand et ses valises grandissaient avec ses rêves. Il en avait des grandes et des petites: les grandes pour les encyclopédies et les prix Nobel à la jaquette blanche de Grolier et pour les bouteilles de fort. Parfois les bouteilles de fort et les encyclopédies partageaient le même espace. Des moyennes aussi, en cuir, s'il vous plaît, pour des inventions dessinées sur du papier d'ingénieur destinées aux grandes compagnies d'avionnerie. Lui qui voulait aller si vite était fasciné par les freins des avions qu'il dessinait et redessinait sur les grandes feuilles bleues d'ingénieur qu'il entreposait dans ses valises enchantées.

Quand les aînés ont commencé à quitter la maison pour faire de la place et pour faire leur vie, ma mère aux yeux d'outre-mer allait chercher dans le fond des garde-robes les vieilles valises cabossées par trop de chimères à transporter, meurtries d'avoir été trop souvent jetées dans le coffre arrière de la voiture par mon père dépité d'une vente qui n'avait pas abouti, et chacun d'entre nous est parti de la maison une valise à la main, emportant avec lui un peu de l'histoire des rêves de mon père. J'ai toujours la mienne au fond d'une garde-robe.

Plus tard sont apparues les autres, les moins recherchées, dont la brune écornée de la petite chambre aux contenus disparates, moins distinguées que celles des prix Nobel à la jaquette blanche.

Au centre d'une chambre presque nue, sous un drap blanc, étendu sur un lit de fer, repose mon père au prénom du fameux amiral anglais dont la colonne s'élève à Trafalgar Square, échoué après les intempéries de sa vie, dans cette chambre presque nue d'un quartier de l'autre côté des rails. Presque nue, oui, m'a dit mon frère cadet, qui est entré dans la chambre, sauf pour une petite table appuyée sur le côté droit du lit sur laquelle est déposé un bol de plastique rose avec un radis couleur délavée qui n'espère plus qu'on le mange, quelques bouteilles de fort et la petite valise brune qu'il a ouvert, mon frère, après avoir demandé la permission au policier en faction.

La permission fut accordée.
S'y trouvait une photo en noir et blanc de notre mère
aux yeux bleus d'un ciel étoilé,
      sa femme de tous les rêves. Elle s'appelait Marguerite.

Je sais maintenant qu'il n'était pas seul
à ce moment-là, juste avant...

Table des matières

Cet ouvrage a été achevé d'imprimer en mai 2006
sur les presses de Marquis Imprimeur